AIは「導入」するな、「採用」せよ

AIリテラシー実践講座

友部貴幸
Takayuki Tomobe

はじめに AI に使われるか、使いこなすか

本題に入る前に、3つだけ問いかけさせてください。

① もし明日、あなたの仕事について**「AI を使えば、もっと安く、もっと速くできます」**と言われ、これまでの単価では発注できないと告げられたとしたら、あなたの事業はそれでも成り立つでしょうか。

② もし半年後、**「AI を使えない人は外注先として採用しない」**という基準が業界の常識になり、あなたの名前が、見積もりの候補にすら挙がらなくなったとしたら、その現実をあなたは受け止められるでしょうか。

③ もしあなたが1週間、完全に仕事から離れざるを得なくなったとき、売上・顧客対応・判断は、**誰が、どこまで代わりに担える状態**でしょうか。

これは、脅し文句ではありません。すでに現実として、多くの業界で起き始めている変化です。

実際、世界的な調査では、**現在の仕事の約 40%は、今後数年で AI に置き換えられるか、もしくは大きく再定義される**と予測されています。国内でも、大手企業を中心に「AI 前提」での業務設計が進み、外注先や取引先に求める条件が、すでに変わり始めています。

書店に足を運べば「Claude 仕事術」「生成 AI で業務効率化」「AI を使えないと 9 割の仕事がなくなる」といった言葉が、多数並んでいます。YouTube や SNS を開けば「この AI ツールを使えば誰でも稼げる」「まだ ChatGPT を使っているの？」といった刺激的な情報が、毎日のように流れてきます。

こうした状況を前にして「何か始めなければまずい気がする」「このままでは取り残されるのではないか」と感じている経営者や個人事業主は、決して少なくありません。

一方で、実際に AI に触れてみると、別の問題にも直面します。

- 新しいツールを覚える
- 設定を調べる
- 検証する

いつの間にか、**仕事は減るどころか、むしろ増えている**。AI のために時間を使っているのに、事業は思ったほど前に進まない。そんな違和感を抱えている方も多いのではないでしょうか。

もし、今あなたが「AI が重要なのはわかるが、正直どう使えばいいのかわからない」「学ばなければと思うほど、焦りや不安が強くなる」と感じているのだとしたら、まずお伝えしたいことがあります。

「あなたの危機感は正しい」ということです。AI に触れなくても、すぐに仕事がゼロになるわけではありません。しかし、AI を前提に仕事を組み立てられない人は、**徐々に選ばれなくなっていく**。これは、すでに始まっている現実です。

私自身も、かつては同じように焦り、迷いました。「AI を学べば、事業が楽になるはずだ」と信じ、スクールやセミナー、教材に多くの時間とお金を投じました。最新ツールの情報を追いかけ、試し、検証し続けましたが、思うような成果にはつながりませんでした。情報が増えるほど判断は難しくなり、気づけば「何のために AI を使うのか」がわからなくなっていたのです。

なぜ学べば学ぶほど苦しくなるのか。

なぜ便利なはずの AI で、仕事が増えてしまうのか。

その答えは、とてもシンプルでした。多くの人が「ツールの使い方」ばかりを追いかけ、AI とどう向き合い、どう働かせるかという視点を持たないまま、走り続けていました。

本当に重要なのは、どの AI ツールを使うかではありません。

「AI をどんな存在として扱い、どんな役割を与えるのか」

この考え方の差が、数年後、事業の明暗を分けます。

私は、AI への接し方を「操作するシステム」から「対話する相手」へ、「導入するツール」から「採用する新入社員」へと切り替えました。すると、AI は得体の知れない存在ではなく、指示次第で動き、扱える部下へと変わっていきました。

この本では、最新ツールの細かな操作方法や、流行りのノウハウは扱いません。それらは、半年後には古くなりますし、他にも良い本がいくらでもあるからです。扱うのは、**ツールが変わっても崩れない「AI との向き合い方」**です。

この本は、**1〜10 名規模の中小企業経営者・個人事業主・フリーランスの方**に向けて書いています。AI スクールに通う時間も、エンジニアを雇う予算もない。しかし、このまま何もしなければ、じわじわと選ばれなくなっていく――そんな危機感を持ちながら、具体的な一歩を踏み出せずにいる方のために書きました。

大企業の DX 担当者向けの話でも、プログラマーを目指す人向けの話でもありません。現場で手を動かしながら、事業を自分で回している人が、明日から使える考え方と判断軸をお伝えするのが、この本の目的です。

本書で扱うのは、中小企業経営者や個人事業主が、**AI 時代に生き残るために必要な、最低限のリテラシーと判断基準**です。

ポイントは、大きく３つです。

1. AI は「システム」ではなく、**「新入社員（部下）」**として接すること
2. プロンプトは「呪文」ではなく、**「業務指示書」**であること
3. AI に仕事を任せる目的は、**人間が非効率でも価値のある仕事に集中するため**であること

AI は、あなたの代わりに人生を引き受けてくれる存在ではありません。しかし、正しく使えば、あなたの事業を支え、判断の質を高め、時間を取り戻してくれる、極めて強力な武器になります。

この本を読み終えたとき、あなたには3つの変化が起きているはずです。

まず、**1週間以内**に、これまで自分でやっていた「重たい作業」を1つ、AI に任せられるようになります。メールの下書き、議事録の整理、たたき台の作成——どれでも構いません。「あ、これ AI でよかったんだ」という感覚が、最初の一歩になります。

1か月後には、自分の仕事の中で「AI に任せる部分」と「自分が責任を持つ部分」の境界線が、はっきり見えるようになっています。その境界線が見えた瞬間、あなたの仕事の中身が変わり始めます。

3か月後には、AI を「なんとなく使うツール」ではなく、自分の事業に役割を持った「部下」として扱えるようになっています。そして、これまで作業に奪われていた時間を、経営者として本来向き合うべき「判断」と「創造」に使えるようになっているはずです。

AI に使われる未来か、AI を使いこなす未来か。その分かれ道は、すでに目の前にあります。それでは、始めましょう。

＊＊＊＊＊＊＊＊＊＊＊＊

〔書籍限定プレゼント〕

＊＊＊＊＊＊＊＊＊＊＊＊

本書を読んで終わりにしないための【5大実践特典】をご用意しました。図解まとめ、すぐ使えるガイド、最新ツール情報など、すべて無料でお届けします！

① 各章の要点をビジュアルで読む『AIリテラシー実践講座』
② これだけで良い。ビジネスで使える最新AIツール厳選集
③ 現場で迷わないためのAI用語「超訳」辞典（50語）
④ AIっぽさを消す実践ガイド×最終チェックリスト
⑤ 各章の内容を耳で聴ける『AIリテラシー実践講座』音声版

受け取り方法は簡単です。下記URLにアクセスし、LINEで友だち追加のうえ「AIリテラシー」と送信してください。

https://lin.ee/QUjjL0D

AI リテラシー実践講座 目次

第1章

なぜAIを使うほど「忙しく」なるのか

第１節 「便利」なのに笑顔が消える現場

終わらないAI祭りと取り残される恐怖

2023年頃から始まった生成AIブームは、時間が経てば落ち着いていくものだと、多くの人が考えていました。しかし2026年現在、その熱は冷めるどころか、むしろ別の形で広がり続けています。

大企業は「AI活用」を中期経営計画の柱に据え、中小企業の経営者は「うちも何か始めないとまずいのではないか」と焦りを感じています。現場では、次から次へと登場する新しいツールや用語を追いかけること自体が、1つの仕事になってしまっています。

一見すると、私たちは人類史上まれに見る「生産性革命」の真っただ中にいるように見えます。しかし、その内側で起きているのは、必ずしも希望や余裕ではありません。

- 「正直、もう何を覚えればいいのかわからない」
- 「少し目を離しただけで、話題についていけなくなる」
- 「AIを使っているはずなのに、全然楽にならない」

こうした声は、もはや特別なものではありません。重要なのは、**この感覚が個人の能力や努力の問題ではない**、という点です。

世界最大級のビジネスSNSであるLinkedInのデータでは、近年最も成長しているスキルの1つとして「AIリテラシー」が挙げられています。また、2030年までに仕事に必要なスキルの大部分が変化する、という予測も示されています。

数年という短いスパンで、仕事のルールそのものが書き換わっていく。その影響は、一部の専門職に限られた話ではなく、ほぼすべての職種に波及しつつあります。この状況で息切れしないほうが、むしろ不自然だと言えるでしょう。

それでも多くの人は「勉強が足りないからだ」「自分の適応力が低いからだ」と自分を責めてしまいます。

ですが、ここで一度立ち止まって考えてみてください。本当に問題なのは、あなたの努力不足でしょうか。

なぜ導入するほど現場は疲弊するのか

AIを導入した現場で「劇的に楽になった」という声は、実はそれほど多くありません。むしろ耳に入ってくるのは、ため息や戸惑いです。

- 「ChatGPT を入れたけれど、結局どう使えばいいのかわからない」
- 「AI が書いた文章を直すのに時間がかかって、自分で書いたほうが速い」
- 「ツールが次々変わって、覚え直すだけで精一杯になっている」

これは単なる印象論ではなく、調査データにも表れています。経営層の約 96%は「AI を導入すれば生産性が上がる」と期待している一方で、実際に現場で使っている人の約 77%は「仕事量が増えた」と感じています。

この期待と現実の断絶こそが、いま多くの組織で広がっている「AI 疲れ」の正体です。

本来、私たちを助けるはずのツールが、逆に負担になっている。これは決して珍しいことではありません。

たとえば、便利な家電を買ったものの、分厚い説明書を読むのに時間を取られ、結局使いこなせず、家事が終わらない。そんな経験をしたことがある方もいるかもしれません。AI の現場では、これとよく似たことが起きています。

制作会社に起きている「静かな崩壊」

ここで、私が何度も耳にしてきた、現場で起きている実際の話を紹介します。

10年以上、ライターとして活動してきた方がいます。企業ブログやオウンドメディア、メルマガ、LP文章などを中心に、派手ではないものの、安定して仕事を受け続けてきました。「文章で食べていける状態」を、時間をかけて築いてきた人です。

ところが、ここ1〜2年で、仕事の依頼内容が少しずつ変わり始めました。

最初に増えたのは、こんな相談です。

「下書きはこちらでAIに作らせるので、仕上げだけお願いできますか」

「構成はもうあるので、整えるだけで大丈夫です」

作業量は確かに減りました。しかし、それと同時に、報酬も下がっていきました。

さらに厄介だったのは「文章を書く人」としての価値が、少しずつ削られていく感覚でした。長年積み上げてきたスキルが「AIでできる部分」として切り分けられ、残ったのは責任と修正作業だけ……。仕事は続いているのに、手応えが薄れていく……。そんな違和感が残ったそうです。

デザイナーの知人も、似た話をしていました。画像生成 AI の普及によって、クライアントが「まず自分で作ってみました」とラフ案を持ってくる。以前であれば丸ごと任されていた案件が「微調整だけ」「仕上げだけ」になり、単価は半分以下……。しかも、納期は以前よりもずっと短い……。

LP や Web サイト制作の現場でも同じことが起きています。競合が、これまでの 10 分の 1 ほどの価格で提案してきます。その理由を聞くと「AI を使っているので安くできます」と言われるのです。

ここで大切なのは、彼らが怠けていたわけでも、スキルが低かったわけでもない、という点です。むしろ、真面目で、努力を積み重ねてきた人たちです。

変わったのは、仕事の中身ではなく、**その仕事がどう評価され、どう切り分けられるかというルール**でした。

AI によって「丸ごと任せる仕事」は減り、「AI ではできない部分だけを切り出す仕事」が増えていく。その結果、責任は残るのに、単価は下がる。こうした構造が、静かに広がり始めています。

これは、ライターやデザイナーだけの話ではありません。**「作業」として切り出せる仕事をしている限り、誰の身にも起こり得る変化**です。

数百万円投資して暴かれたAI導入のリアル

ただ、私がここまで強く「焦らなくていい」「ただし、考え方だけは変えたほうがいい」とお伝えしているのには理由があります。それは、私自身がAIを仕事として扱う立場として、この分野を時間とコストをかけて検証してきたからです。

これまで私は、AIや最新技術に関して、数百万円の投資をしてきました。高額なスクール、専門コミュニティ、教材、講座。いずれも「楽をしたいから」「流行に乗りたいから」ではありません。

お客様にAIの話をする以上、自分が知らないままでいることはできない。そう考え、競合調査と実務検証のつもりで、あえて幅広く学びに入りました。正直に言えば、そこまでやれば「現場で本当に使える思考法」や「成果につながる共通原理」が、ある程度整理されているだろうという期待もありました。

しかし、実際に中に入ってみてわかったのは、多くの場で語られていた内容が、**ツールの機能説明に終始していた**という事実でした。

- どのボタンを押せば何ができるのか
- どのツールや機能が新しいのか

それ自体を否定するつもりはありません。ただ「それをどう仕事に組み込み、どう価値に変えていくのか」という視点は、ほとんど語られていなかったのです。

日本中で起きている AI 導入のつまずきは、努力不足でも、情報不足でもありません。**AI をどう扱うか以前に、その前提となる土台について、ほとんど共有されてこなかった**。そう感じるようになりました。

AI ツールが悪いのではありません。課題は、それを使いこなすためのリテラシーや思考、設計が、後回しにされてきた点にあります。

この感覚は、個人の印象論にとどまりません。IT 分野で権威のある調査会社ガートナーが示す「ハイプ・サイクル」では、生成 AI はすでに過度な期待のピークを越え、現実と向き合う幻滅期に入ったとされています。

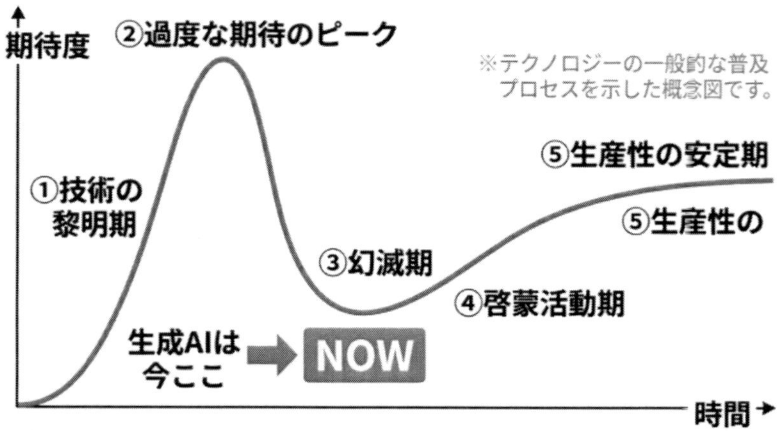

「幻滅期」=「ツール」として正しく使われ始めた証拠。

「幻滅期」という言葉は、ネガティブに聞こえるかもしれません。しかし本質は、魔法のように語られていた技術が、ようやくツールとして扱われ始めたという点にあります。

ここから先は「早く飛びついた人」が勝つ世界ではありません。どんな仕事に、どのように組み込むのか。その設計を冷静に考えられる人が、静かに成果を積み上げていくフェーズに入っています。

第２節 時短しても儲からない「生産性のパラドックス」

96%の期待と77%の現場のズレ

ここまで、AI導入をめぐって多くの現場に疲れが生まれている背景を見てきました。ここでは、その疲れがどこから来ているのかを、もう少し冷静に分解していきます。

改めて、ある調査結果を確認してみましょう。経営層の約96%は「AIを導入すれば生産性は向上する」と考えている一方で、実際にAIを使っている現場の約77%は「仕事量が増えた」と感じている、というデータがあります。

一見すると、どちらかが間違っているように見えるかもしれません。しかし、ここで起きているのは「認識の対立」ではなく、**前提の食い違い**です。

経営者が言う「生産性」と、現場が感じている「生産性」は、実はまったく別のものを指しています。

経営者の立場で考える生産性とは、売上や利益、付加価値がどう変わったか、という結果の話です。月次や年次で数字がどう動いたか、そこに関心があります。一方、現場で語られる生産性は「作業が楽になったか」「早く終わったか」「残業が減ったか」といった体感の話になりがちです。

たとえば、こんな会話を想像してみてください。社長は「AIを入れたから、かなり効率化できているはずだよね」と言う。現場は「確かに作業は速くなりましたが、確認や修正が増えて、結局忙しいです」と答える。この会話は、噛み合っていないようで、実は双方とも正しいことを言っています。

問題は**「効率化できたか」と「儲かったか」を同じ言葉で語ってしまっている点**です。

この前提を整理しないまま AI 導入を進めると「たしかに速く終わった」「でも数字は変わらない」「むしろ疲れる」という状態に陥りやすくなります。

時短の裏に隠れた本当のコスト

次に、感覚の話を一度横に置き、数字で考えてみましょう。たとえば、AIを使うことで、これまで5時間かかっていた資料作成が3時間で終わるようになったとします。2時間の時短です。

ここで多くの人は「2時間も浮いたのだから、生産性は上がった」と感じます。しかし、経営の視点では、ここからが本当のスタートです。仮に、あなたの時間単価を 3,000 円とすると、2 時間は 6,000 円分の価値になります。

一方で、AI ツールの月額費用、使い方を調べる時間、試行錯誤や検証にかかる時間、出力結果を修正・確認する時間を合算していくと、その 6,000 円は思っている以上に早く相殺されていきます。

さらに重要なのは「浮いた 2 時間で、何をしたのか」という点です。

- 新しい案件の提案に使ったか
- 既存顧客へのフォローに回したか
- 別の作業に追われて消えてしまっていないか

現場でよく起きているのは「時間は浮いたはずなのに、忙しさは何も変わらない」という状態です。これは、AI が悪いわけではありません。**時間の再配分を設計していない**だけです。

ここで、外注との比較もしてみてください。もし、同じ作業を時給 2,000 円の外注スタッフに任せていたとしたら、2 時間で 4,000 円です。それに対して、自分で AI を使い、学習や修正に時間を取られ、結果としてそれ以上の時間コストがかかっているとしたら、その判断は本当に合理的と言えるでしょうか。

「自分で AI を使うこと」と「事業として得をすること」は、必ずしも一致しません。

そろばんを弾かずに AI を導入すると、気づかないうちに「効率化しているつもりで、利益を削っている」状態に入り込んでしまいます。そのため、AI 導入は感覚ではなく、必ず数字で判断する。それができて初めて、AI は便利なツールではなく、経営の味方になります。

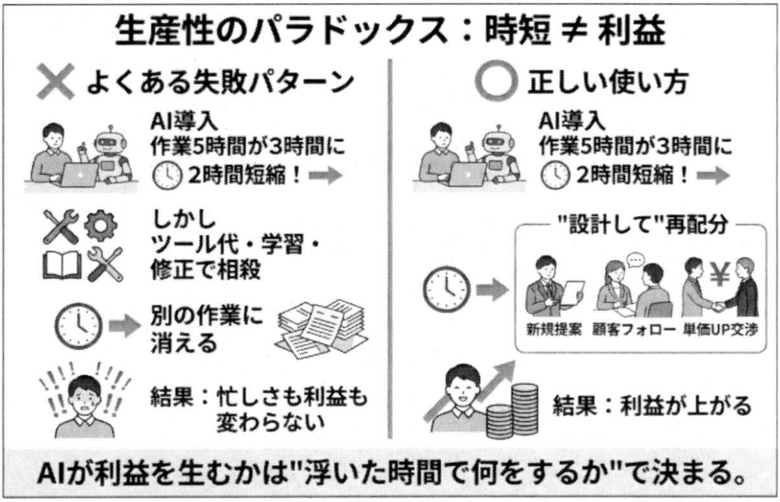

「時短＝利益」という致命的な勘違い

AI を使い始めた人の多くが、最初に感じる変化は「作業が速くなった」という実感です。文章作成、資料作り、アイデア出し。確かに、これまでよりも短い時間で形になるようになります。

しかし、その変化は、必ずしも良い方向にだけ働くわけではありません。特にフリーランスや外注で仕事をしている場合、こんなことが起こり始めます。

「AI を使えば速くできるんですよね？」

「それなら、もう少し安くお願いできませんか？」

相手に悪意があるわけではありません。**評価の基準が「成果」から「スピード」にすり替わっている**だけです。

作業が速くなるほど「速くできる＝簡単にできる」「簡単にできる＝価値が低い」と解釈されやすくなります。結果として、単価は下がり、責任だけが残ります。時短したはずなのに、以前よりも気を遣う仕事が増えてしまう……。そんな逆転現象が起きるのです。

ここで押さえておきたいのは、AI そのものが問題なのではない、という点です。問題になりやすいのは、**自分自身が、価値の置きどころを変えないまま、効率化だけを先に進めてしまった**ことにあります。「何を速くしたのか」ではなく「何に責任を持っているのか」。そこを言語化できていないと、評価は必ず安い方に引っ張られます。AI によって作業が速くなった今こそ、問われているのはスピードではありません。あなたが引き受けている責任の中身を、どこまで自分の言葉で説明できるか。その一点に、単価が上がるか下がるかの分かれ目があります。

AI は「仕事をした気」にさせるのがうまい

AI には、もう 1 つ見落とされがちな特徴があります。それは**「前に進んでいるような感覚」を与えるのが非常にうまい**という点です。

ある研究では、経験豊富なプログラマーに AI を使って作業をしてもらったところ、本人の体感では「20%ほど時短できた」と感じていたにもかかわらず、実際に計測すると、作業時間は**19%も遅くなっていた**という結果が出ています。AI が出したアウトプットを確認し、修正し、方向を調整する時間が、想像以上にかかっていたからです。

これは、プログラミングに限った話ではありません。文章、企画、資料、画像など、どの分野でも同じ構造が起きます。AI が一瞬でそれらしいものを出してくれる分「今日はかなり進んだ」という感覚が生まれやすい。しかし実際には完成度が低く、後工程での手直しに時間を取られている……。AI は、作業を減らすツールであると同時に、作業を増やす可能性も持っています。ここを理解せずに使うと「忙しさは減らないのに、達成感だけが増える」という、少し危うい状態に入り込みます。

AI はサボらせる道具ではありません。むしろ逆で、**仕事をした「気」にさせる能力が高すぎる**のです。問われるのは「進んだ気がするかどうか」より「どこまで完成に近づいたのか」を人間が冷静に見極める視点です。

実は、この構造を 2,500 年も前に言い当てていた思想家がいます。中国の思想家・荘子です。彼は、便利な道具について、こんな趣旨の言葉を残しています。

便利な機械を持つと、その機械を使うための仕事が増え、本来向き合うべきことから心が離れていく。

現代の AI 環境に置き換えると、どうでしょうか。

- どの AI ツールを使うか
- どのプロンプトが正解か
- どのモデルが最新か

こうしたことに時間を使っているうちに、本来考えるべき「誰に、どんな価値を届けているのか」という問いが、後回しになっていきます。

本来、AI は思考を助けるためのツールです。しかし、使い方を誤ると、**思考を代替したつもりで、考えなくなってしまいます。**

これが、いま多くの人が感じている「忙しいのに進んでいない」という感覚の正体です。

【ミニワーク】あなたのAI活用は「コスト」か「投資」か？

ここで一度、あなた自身のAI活用を振り返ってみてください。

- AIを使って短縮できた時間は、何に使われていますか？
- その結果、売上・利益・単価に変化はありましたか？
- AIを使わず、外注や仕組み化で代替できた作業はありませんか？
- あなたが人として責任を持つべき仕事は、どこにありますか？

すぐに答えが出なくても問題ありません。大切なのは、AIを「便利だったかどうか」ではなく**「事業にとって意味があったかどうか」で見直す視点**です。

第 3 節　AI が加速させる「2:6:2」の格差

同じ AI を使ってなぜ差が開くのか

ここからは、視点をもう一段引いて考えていきます。AI によって「仕事が速くなる」「手間が減る」という話を超えて、この流れが、あなたの事業や働き方をどのように分けていくのか。少し厳しい現実も含めて整理していきます。

まず、この変化の規模感を数字で押さえておきましょう。

2026 年、世界が AI に費やす金額は約 390 兆円に達する見通しです。これは日本の国家予算の 3 倍以上に相当し、前年比で 44% 増というペースで成長しています。減速の兆しはまったく見えません。

この潮流を象徴するのが、AI の処理に不可欠な半導体を製造する NVIDIA という会社です。売上はわずか 3 年で 4 兆円から 32 兆円へと 8 倍に膨らみました。世界中の企業と政府が、AI インフラに巨額の投資を続けています。

スタートアップの世界でも、前例のない成長が起きています。AI コーディングツールの「Cursor」は、2023 年末時点の年商が約 1.5 億円にすぎませんでした。それがわずか 24 か月後には年商 1,500 億円に達し、広告費ゼロ・マーケティング費ゼロにもかかわらず、フォーチュン 500 企業の半数以上が導入するツールへと成長しました。ゼロから評価額 5 兆円規模の企業が誕生したのです。

「ここまでの話は、大企業や投資家の世界の話だ」と感じた方もいるかもしれません。しかし、違います。この変化の波は、すでに中小企業や個人事業主の現場にも、差は静かに生まれ始めています。

AI を使って「余裕ができた」「人を増やさずに事業が回るようになった」と話す人がいる一方で「仕事が減った」「単価が下がった」「忙しさだけが増えた」と感じている人もいます。

重要なのは、この差が「努力したかどうか」で決まっているわけではない、という点です。むしろ、真面目に学び、真面目に頑張ってきた人ほど、苦しくなる場面が出てきています。

AI の登場によって、仕事の**評価軸そのもの**が変わり始めていることが理由です。同じ AI があるのに、差が開く。そこにあるのは才能の差ではありません。AI をどう位置づけているか、その前提の違いです。

こうした分断は、今回が初めてではありません。歴史を振り返ると、新しいテクノロジーが登場するたびに、同じ構図が繰り返されてきました。

18世紀の産業革命では、蒸気機関や機械によって生産性が跳ね上がりました。しかし、恩恵を最大化したのは「機械を持ち、使いこなした側」です。一方で、単純労働に依存していた人は、仕事を失うか、より厳しい条件で働かざるを得なくなりました。社会全体は豊かになっても、個人の立場ははっきり二極化していきました。

20世紀後半のIT革命でも同じです。パソコンやインターネットを業務に組み込めた人は、処理速度も情報量も武器にして、仕事の幅を一気に広げました。逆に、それらを扱えなかった人は、悪気なく土俵の外へ追いやられていきました。

このときに起きたのは「便利になった」という一方向の変化ではありません。**使いこなす側はより強くなり、使われる側はより弱くなる**。テクノロジーは、社会を前に進めながら、同時に格差を広げる性質を持っています。

そして今回のAI革命は、影響の範囲が決定的に広く、肉体労働や定型作業だけではありません。文章作成、企画、分析、判断、提案、交渉の準備など、これまで「人間の頭の仕事」だと考えられていた領域に、AIが真正面から入り込んできています。

つまり今起きているのは、一部の仕事が置き換わる話ではありません。**仕事そのものの定義が、静かに書き換えられている**という現実です。

静かに進む「2：6：2」という残酷な分断

この流れを踏まえると、今後の働き方は、大きく3つの層に分かれていくと考えられます。予言ではなく、すでに各業界の現場で起きている現象を、構造として整理したものです。

【上位2割】AIを「部下」にして成果を積み上げる層

AIを「便利なツール」ではなく、**扱える部下**として運用できている人たちです。下準備、たたき台、比較、整理、文章化、候補出し。こうした作業はAIに任せ、そのぶん自分は「最後の判断」と「責任」を引き受けます。

私自身の話をすると、AIをこの感覚で使えるようになってから、月あたりの業務時間が50時間以上減りました。その時間を営業や発信、お客様との対話に使えるようになり、売上は上がりました。ただ、数字よりも大きかった変化は「追われている感覚がなくなった」ことです。仕事量が減ったのではありません。仕事の中身が変わったのです。

具体的にどうやってその状態を作るのかは、第2章以降で順番に整理していきます。ただ1つだけ先にお伝えすると、特別なスキルは必要ありません。**AIをどんな存在として扱うか**、その認識を変えるだけで、同じ1日の中で扱える仕事の量と質が、同時に上がっていきます。単価が上がり、選べる仕事が増え、時間にも余白が生まれる。それが、上位2割の日常です。

【中間6割】なんとなくAIを触りつつ、じわじわ削られる層

この層は、決してサボっているわけではありません。情報を追い、AIにも触れ、試行錯誤もしています。ただ、AIが仕事の前提になっていくにつれて、少しずつ立ち位置が変わっていきます。

劇的に楽になるわけでも、すぐに仕事が消えるわけでもありません。だからこそ厄介です。気づかないうちに、単価や裁量が少しずつ下がり、忙しさは横ばい、あるいは増えていきます。「前より効率化したはずなのに、なぜか余裕がない」と感じる人が多いのが、この層の特徴です。

ここで起きているのは、能力の差ではなく、役割の変化です。AI前提で仕事が再設計されると、判断は上流に集まり、作業はAIに寄っていきます。その間に立つ人間は、調整役や埋め合わせの存在になりやすくなります。

変化は急ではありません。「まだ大丈夫」と感じる時間が長く続きます。しかし気づいたときには、**自分が決められる範囲が狭くなり、選ばれ方が変わっている**。この静かな移行が、一番見えにくく、怖いところです。

【下位 2 割】AI に置き換えられやすい領域だけを担ってきた層

この層は、AI が得意とする作業に仕事の価値を置いてきた人たちです。文章の下書き、単純なデザイン、定型的な処理、テンプレ化された提案。こうした領域は、AI のほうが速く、安く、安定してこなせるようになっていきます。

ここで起きるのは、努力が足りないから負けるという話ではありません。努力してきたにもかかわらず、評価されていた土台そのものが揺らぐ感覚を味わいやすくなります。

そして、より厄介なのは「仕事がゼロになる」よりも先に、**仕事が切り刻まれ、単価だけが下がり、責任だけが残る**ことです。すでに第 1 節で触れた「仕上げだけ」「調整だけ」の流れは、まさにここに重なります。

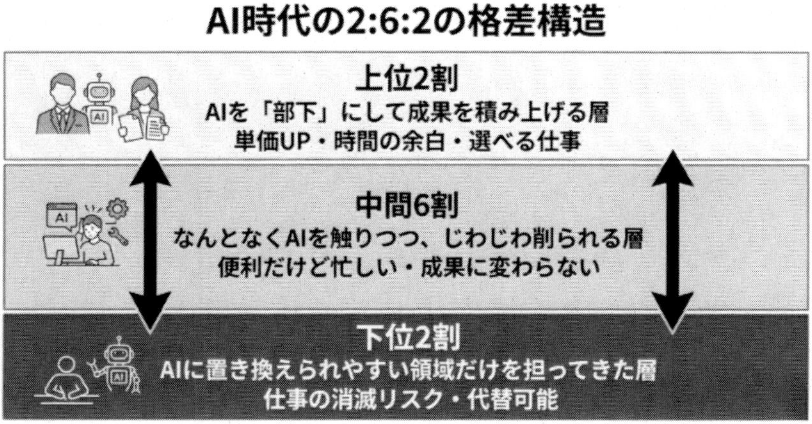

ここで強調しておきたいのは、どの層に入るかが学歴や才能で固定されるわけではない点です。分岐を決めるのは、AIとどう向き合うか、仕事のどこに責任を置くか、価値をどこに置くかです。つまり、立ち位置は変えられます。

ただし、ひとつだけ断言できることがあります。**AI時代に最もリスクが高いのは「何も考えずに中間に居続けること」**です。ある日突然落ちるのではありません。少しずつ裁量を失い、少しずつ選択肢が減り、気づいたときには「決める立場」から外れている。こうした変化が、最も静かに進行する場所だからです。

安泰なホワイトカラーこそ危険な理由

ここまで読んで「危ないのは単純作業の人たちだろう」と感じた方もいるかもしれません。たしかに、入力や定型処理のような仕事は、AIによる置き換えが進みやすい領域です。

ただ、AI革命の本当の怖さは、そこだけではありません。むしろ影響が深く、長く続くのは、ホワイトカラーの領域です。企画、提案、分析、文章化、資料化、意思決定など、こうした「頭の仕事」の価値のつけ方が変わっていきます。

これまでホワイトカラーの価値は、経験や思考、言葉の積み上げと結びついていました。考え抜いた提案、丁寧に整えた資料、文脈を読んだ文章。そこに時間と技術が乗り、価値が生まれていました。

ところがAIは、この領域に一瞬で入ってきます。整った文章、たたき台、比較表、要約、構成案。それらが数十秒で出てきます。すると何が起きるか。仕事の評価は、こう変わっていきます。

- 「すごい」より先に「それ、AIでもできるよね」が出てくる
- 「丁寧」より先に「もっと速くできるよね」が出てくる
- 「頼りになる」より先に「その工程、いらなくない？」が出てくる

精神的に刺さるのは、ここです。積み上げてきたものが、悪意なく、分解されていくのです。しかもAIが奪うのは仕事そのものではなく、仕事の中でも「お金になる部分」だけというケースが多くなります。

提案書1つを例にしても、以前はヒアリングから構成、文章、資料化、ブラッシュアップまで含めて1つの価値として扱われていました。しかしAIが普及すると、その価値は次のように切り分けられます。

- 「文章はAIで作ったので、整えるだけお願いします」
- 「たたき台はあるので、見栄えを整えるだけで」
- 「構成は出せたので、最後の判断だけ」

残りやすいのは、責任と調整と修正です。手間は消えないのに、価値として評価されにくい部分だけが残る。これが、ホワイトカラーがじわじわ削られていく典型的なパターンです。

ここで、経営者・個人事業主として押さえておくべきポイントがあります。AI 時代に危ないのは「AI にできる仕事をしている人」ではありません。**AI にできる仕事を、価値の中心として提供し続けてしまう人**です。これはツールの話ではなく、商売の話です。価値の中心をどこに置くかを決め直さない限り「安泰」に見える場所から崩れていきます。

そして、この構造変化は、個人の働き方だけにとどまりません。いま起きているのは、企業のビジネスモデルそのものが揺らぐレベルの変化です。

大企業の前提すら崩れるSaaSの終焉

ここで、もう一段だけ視野を広げておきたいと思います。

「AIで仕事がなくなる」という言葉を、一度は耳にしたことがあるはずです。翻訳者は不要になる、カスタマーサポートはAIに置き換わる、プログラマーは消える——。直感的にはそう思えるかもしれません。しかし、実際のデータを見ると、まったく逆のことが起きています。

翻訳市場は2032年までに1.6倍に成長すると予測されています。カスタマーサポート市場は毎年10〜19%の成長を続けており、ソフトウェア開発の市場規模も拡大を続けています。なぜ、こうした逆説が生じるのでしょうか。

経済学に「ジェボンズのパラドックス」という法則があります。「蒸気機関の効率が上がれば石炭の消費量は減るはずだ」と160年以上前の人たちは考えました。しかし実際に起きたのは、石炭消費量の爆発的な増加でした。効率が上がりコストが下がることで、使える場所と用途が一気に広がり、需要そのものが拡大したのです。

AIも、まったく同じ構造をたどっています。単純作業はAIが担うようになっても、文化や文脈を踏まえて伝え方を設計する力、複雑な顧客体験を整え最後の判断を引き受ける力への需要は、むしろ高まっていきます。AIは仕事を消すのではなく、**仕事を高度**

化させていきます。注意が必要なのは、市場全体が拡大しても、その恩恵を受けられるのは「高度化した仕事」を担える側に立った人だけだという点です。先ほどのライターやデザイナーの例を思い出してください。従来型の作業を続ける限り、単価は下がり続けていきます。

ここまでは「個人の仕事がどう変わるか」を見てきました。しかし、この変化は個人の働き方にとどまりません。企業のビジネスモデルそのものが揺らぐレベルの衝撃が、すでに起きています。

2024年末ごろから、ビジネス界隈で「SaaS is Dead（業務ソフトウェアの終わり）」という言葉が広がり始めました。これは単なる煽り文句ではありません。2026年2月にAnthropicが法律・営業・マーケティングといった業務を自動化しうるAI機能を発表すると、法律情報や会計ソフトなど業務系ソフトウェアの大手企業（一例として、Thomson Reutersは約18%下落）の株価が軒並み急落しました。わずか6営業日で世界のソフトウェア・サービス株から約8300億ドルの時価総額が失われ、投資家たちはこの衝撃を**「アンソロピック・ショック」**と呼びました。

なぜ、ここまで大きな衝撃になったのでしょうか。これまでの業務ソフトウェアは、「人間がログインして操作する」ことを前提に成長してきました。社員が増えれば、使うライセンスも増える。だから売上も積み上がる。このモデルはとてもわかりやすく、投資家から見ても予測しやすい、強い仕組みでした。しかし、AIエージェントがファイルを操作し、ブラウザを動かし、業務まで肩代わりできるようになった瞬間「人が増えなくても仕事が回るとしたら、このモデルはどうなるのか」と問いが生まれます。

ただ、この話を「業務ソフトは終わる」と単純化して受け取る必要はありません。実際、その後Anthropicが大手ソフトウェア企業との提携を次々と発表すると、株価は即座に反発しました。市場の見方も「AIが既存ソフトウェアをすべて飲み込む」という極端な恐怖から、「既存企業がAIをどう取り込み共存していくか」という問いへと移り始めています。

それでも、この出来事が重いのは事実です。大企業が20年近くかけて築いてきた前提が、わずか数日で見直しを迫られました。これは一部のIT企業だけの話ではありません。やがて同じことが、営業、制作、士業、サポート、事務といった、仕事の評価軸にも波及していきます。

しかし、この残酷さは同時にチャンスでもあると考えています。かつては大企業だけが持てた高度な仕組みを、いまでは小さなチームや個人が、月数千円のAIツールで再現できる時代になりました。資本の差が、そのまま戦力差にならない時代です。

大切なのは、すべてを理解することではありません。**自分の事業のど真ん中に、AIをどう組み込むかを決めること**です。任せられる部分は渡し、自分は意思決定と創造に集中する。その設計ができた人から、立ち位置は変わっていきます。

では、なぜこの変化の中で、落ちていく人と伸びる人が分かれるのでしょうか。

「知っている」と「できる」はまったく違う

「AI を学ばないとまずい」「とにかく使ってみないと」と感じている方は多いはずです。しかし、その焦りのまま動き出す前に、1 つだけ整理しておいてほしいことがあります。それは、AI に限らず、あらゆるスキルの習得には必ず段階があるということです。

人が新しいことを身につけるとき、次の 5 つの段階を順番に登っていきます。

第 1 段階：知らない（何がわからないかも、わからない）

第 2 段階：知っている（情報は入ったが、手は動かしていない）

第 3 段階：なんとなくできる（やればそれっぽく動くが、理由はわかっていない）

第 4 段階：意識すればできる（仕組みを理解し、再現性を持って動かせる）

第 5 段階：無意識にできる（考えなくても判断と行動ができる）

スキル習得の5段階とAI特有の落とし穴

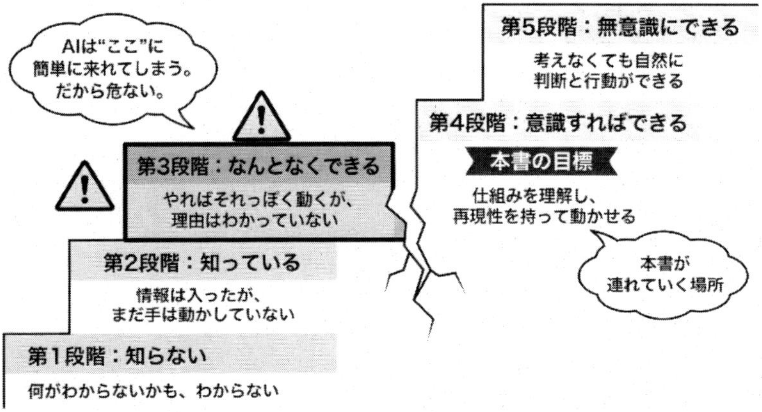

この５段階は、自己啓発や人材育成の世界では古くから使われている考え方です。車の運転を思い出してみてください。教習所に通う前は「ハンドルの切り方」も「ブレーキのタイミング」も知らなかった（第１段階）。教本を読めば仕組みはわかる（第２段階）。いざ路上に出ると、見よう見まねでなんとか走れるけれど、なぜ今のタイミングでブレーキを踏んだのか、自分でもよくわかっていない（第３段階）。慣れてくると、「この速度なら、この距離で減速を始める」と意識して判断できるようになり（第４段階）、やがて考えなくても自然に車線変更ができるようになる（第５段階）。

この構造は、AIの習得でもまったく同じです。しかし、ここでAI特有の厄介な問題があります。それは、第３段階の「なんとなくできる」が、異常に簡単に手に入ってしまうことです。

たとえばプログラミングや英会話のような従来のスキルは、第3段階に到達するまでにかなりの時間と練習が必要でした。だからこそ、途中で「自分はまだ基礎が足りない」と気づけました。

ところがAIは違います。ChatGPTに「ブログ書いて」と打てば、それっぽい文章が返ってくる。Cursorに「アプリ作って」と言えば、動くものが出てくる。DifyでAIエージェントを組めば、自動化っぽいものが回り始める。触った初日から「なんとなくできた」という感覚が得られてしまうのです。

これは一見、素晴らしいことに思えます。しかし**「なんとなくできた」は「わかっている」とは違います。**

第3段階で止まっている人は、うまくいっている理由も、失敗する理由もわかっていません。だから、少し条件が変わった瞬間に対応できなくなります。エラーが出ても原因がわからない。品質がブレても直せない。それでも「できている感覚」だけはあるので、自分が危うい位置にいることに気づけないのです。

さらに問題なのは、SNSやメディアが「すごい！ これを使わないとヤバい！」と煽り続けていることです。第3段階にいる人が、その煽りに背中を押されて「よし、AI社員を10人作って会社を回そう」「全業務を自動化しよう」と一気に走り出す。基礎がないまま、建物だけを積み上げていく。そして、ある日突然、土台から崩れる。第4章で詳しくお話しする私のSNS自動投稿の失敗は、まさにこのパターンでした。**上位2割に入る人と、じわ**

じわ削られていく人の違いは、ここにあります。

上位2割の人は、第3段階の「なんとなくできる」で満足しません。なぜうまくいったのかを言語化し、再現できる形に整え、人に任せられる状態まで持っていく。つまり、第4段階の「意識すればできる」に確実に登っているのです。

本書でお伝えするのは、まさにこの第 3 段階から第 4 段階への登り方です。AI をどんな存在として扱うのか（第 2 章）。指示の出し方をどう仕組み化するのか（第 3 章）。人間と AI の役割分担をどう設計するのか（第 4 章）。それをチームでどう回すのか（第 5 章）。本書はこの順番で、第 3 段階から第 4 段階への階段を一段ずつ登っていく構成になっています。そして第 6 章では、階段を登りきった先にある「AI では代替できない、人間だけの価値」について考えます。

焦る必要はありません。ただし、第 3 段階で立ち止まったまま「自分はもうできている」と思い込んでしまうことだけは、避けてください。**「知っている」と「できる」は、まったく別物です。その差を埋めるのが、リテラシーです。**

では、ここからは少し厳しい現実の話に入ります。第 3 段階で止まったまま走り続けると、どんな「転落思考」に陥りやすいのか。具体的に整理していきます。

正しい努力が裏目に出る「転落思考」

下位2割へ落ちていく人に共通しているのは、能力の低さではありません。むしろ、真面目で努力家ほど危うい。AI時代は、努力の方向がほんの少しズレただけで、その努力が「前進」ではなく「消耗」に変わりやすいためです。ここでは、転落しやすい思考のクセを、具体的に整理していきます。

1．「とりあえず触れば何とかなる」と思ってしまう

先ほどの5段階で言えば、第3段階の「なんとなくできる」に留まったまま走り続けている状態です。AIは、触れば確かに便利になります。ただし「便利になること」と「成果が出ること」は別物です。この区別がつかないと、延々と触っているだけの状態に入り込みます。ツール比較、プロンプト収集、テンプレ保存、SNSでの情報を追いかけてしまう……。本人は学んでいるつもりでも、事業の数字にはつながらない活動が増えていくのです。AIは「やっている感」を作るのがうまい分、ここに飲み込まれると、忙しいだけで前に進まない人になりやすいのです。

2．「時短できた＝進んだ」と思い込み、次の打ち手を作らない

AI で時短ができると、そこで満足してしまいがちです。しかし時短はゴールではありません。浮いた時間と頭の余裕を、売上・単価・利益に変換する設計が必要です。ここがないと、作業が圧縮されただけで、忙しさは残ります。効率化が、幸福ではなく消耗に変わっていく典型的なパターンです。

3．「自分は中間でいい」と思ってしまう

「今すぐ困っていない」「仕事は回っている」「売上が急落したわけではない」。この感覚はよくわかります。ただ、周囲が AI 前提で仕事を組み替えた瞬間に、同じ場所にいるつもりでも、相対的には後ろに下がっていきます。転落は急降下ではなく、静かなスライドで起きるため、気づきにくいのです。

【チェックリスト】あなたは「AI 貧乏」予備軍か？

ここで一度、現状を客観的に確認してみてください。Yes が多いほど、いまは「AI を使っているのに、利益につながりにくい構造」に入っている可能性があります。責めるためではなく、修正のためのチェックです。

- □ AI を触る時間が増えたのに、売上や利益の手応えが変わっていない
- □ AI で作った文章や資料を、結局かなり修正している
- □ 「どのツールが正解か」を探す時間が、毎週発生している
- □ AI で速くできたはずの作業が、なぜか忙しさとして残っている
- □ AI 導入の効果を「時短できたか」でしか測れていない
- □ AI に任せる範囲が曖昧で、毎回やり方がブレる
- □ 仕事が「丸ごと」ではなく「仕上げだけ」「調整だけ」に切り分けられてきた実感がある
- □ 単価交渉で「AI でできるよね」と言われたことがある、または言われそうだと感じている
- □ 「自分が何に責任を持っている仕事なのか」を説明しようとすると、言葉に詰まる
- □ AI を使いこなしたい気持ちはあるが、どこから手をつけていいかわからない

Yes が多かったとしても、安心してください。ここは終わりではなく入口です。気づけた人は立て直せます。AI でつまずく原因の多くはセンスでも才能でもなく、設計がないことに集約されます。設計を持てば、立ち位置は変えられます。

AI によって広がる格差は、能力差ではありません。**「AI を部下として扱い、責任と価値の置き場を作れるか」**で決まりやすくなります。何も考えずに中間に居続けるほど、単価と裁量は静かに削られます。だからこそ、AI を避けるのではなく、**向き合い方を変える**必要があります。

【第 1 章のまとめ】
構造を理解できた人から、立ち位置は変えられる

ここまで第 1 章では、AI 時代に起きている 3 つの構造を見てきました。もし今、あなたの中に「焦り」や「不安」が生まれているとしたら、それは弱さではありません。市場が静かにルールを変え始めていることを、無意識のうちに察知しているだけです。

本当の問題は、焦ることそのものではありません。焦ったまま、目的も設計もない状態で「ツールの海」に飛び込み、溺れてしまうことです。

ここで、章の冒頭に置いた問いに、もう一度だけ立ち返ってみてください。

1. もし明日、単価を下げられるとしたら？
2. もし半年後、AI が前提の世界になったとしたら？
3. もし 1 週間あなたが抜けても、事業が回る状態を作るとしたら？

この問いに対して、今のあなたが持っている武器は何でしょうか。「気合い」や「根性」ではありません。最新ツールの暗記でもありません。

必要なのは、**AI をどう扱い、どこに任せ、どこを自分が担うの**

かを決めるための判断の軸です。立ち位置は、生まれつき固定されているものではありません。ただし、何も決めないまま中間に居続けると、立ち位置は「自分以外の誰か」によって、静かに決められてしまいます。

AIとは「何として」向き合うべきなのか。ツールではなく「部下」として扱うとはどういうことなのか。次章からは、そのための**考え方の土台**を、1 つずつ言葉にしていきます。焦らなくて大丈夫です。構造を理解できた人から、立ち位置は確実に変えられます。

第2章

AIは「導入」するな、「採用」しろ

第１節 ９割が間違える「AIの正体」

AIは「便利なツール」ではない

ここであなたに１つ質問をさせてください。

あなたにとって、AI（ChatGPTなど）とは何でしょうか。

- 「え？ それは……業務を効率化するための便利なツールでしょう」
- 「検索エンジンの賢い版のようなものですよね」
- 「Excelや電卓の延長線上にある、すごい計算ソフトみたいな……」

もし、心の中でこんな答えが浮かんだなら、少しだけ立ち止まってほしいと思います。なぜなら、**AI導入でつまずいている人の約９割が、まさにこの認識のまま止まってしまっている**からです。

世の中では、AIを使えば「一瞬でブログが書ける」「誰でも簡単に資料のスライドが作れる」といった情報があふれています。それを見て、実際にAIを触ってみた人の多くが、ある共通の違和感にぶつかります。

指示を入れてみたものの、出てくる文章はどこか薄く、機械的で、人の温度を感じない。このままでは、とてもお客様に出せない。少し直してみる。もう一度聞いてみる。それでもしっくりこない……。結局、最後は「やっぱり自分で書いたほうが速いな」「うちの仕事は、まだAIには無理だな……」となります。そして、ブラウザのタブをそっと閉じて、いつものやり方に戻っていく。

これは特別な話ではありません。多くの現場で、実際に起きているリアルな風景です。

では、なぜこんなことが起きるのでしょうか。AIの性能が低いからでしょうか。使う側のITリテラシーが足りないからでしょうか。そうではなく、実際の原因は、もっと根深いところにあります。

それは、**私たちが長年身につけてきた「ITツールとの付き合い方」をそのままAIに当てはめてしまっていること**です。ここを勘違いしたままでは、AIはいつまで経っても「期待外れの魔法のツール」のまま動きません。

正解のボタンを探す人の失敗パターン

私たちがこれまで使ってきたツールは、たとえば「電卓」のような存在でした。「1+1 は？」と入力すれば、誰が、いつ、どこで使っても、必ず「2」が返ってきます。そこに文脈は不要です。使う人の意図や背景も関係ありません。**正しい操作をすれば、正しい答えが返ってくる**。それがツールです。

Excel や会計ソフト、在庫管理システムも、基本的にはこの延長線上にありました。マニュアルを読み、決められた手順や関数を入力すれば、期待した結果が出る。もしうまく動かなければ「操作を間違えたか」「システムに不具合があるか」のどちらかだと判断できます。

だから私たちは、長い時間をかけてこうした感覚を身につけてきました。

「正しいやり方が、どこかにあるはずだ」
「正解の操作を覚えれば、使いこなせるはずだ」

しかし、生成 AI は、この前提がまったく通用しません。たとえば、AI にこう聞いてみてください。

「来週のセミナーで使う、いい感じのキャッチコピーを考えて」

電卓のように、誰もが納得する唯一の正解が返ってくるでしょうか。そんなことはありません。

- あなたがどんな事業をしているのか
- 過去にどんなセミナーを開催してきたのか
- ターゲットは誰で、何に悩み、どんな言葉に反応するのか
- どんな空気感で、どんな立場から伝えたいのか

こうした前提が少し変わるだけで「正解」はいくらでも変わります。むしろ、**1つに決まらないこと**こそが、AIの特徴です。それにもかかわらず、AIを「システム」だと思っている人ほど、電卓と同じ接し方をしてしまいます。

「このプロンプトを入れれば、完璧な答えが出るはずだ」
「どこかに正解の呪文があるはずだ」

そして、ネットで「魔法のプロンプト」を探し回る。期待して入力する。思ったほどの結果が出ない。「やっぱり使えないな」と感じて、そっと離れていく……。

これは、AIが悪いわけではありません。**付き合い方を、完全に間違えているだけ**です。AIは、マニュアル通りに動くツールではありません。ここが、本章で最も重要な転換点です。

AIとは**「シリコンでできた、知能を持った新入社員」**なのです。

AI は IQ が高い「社会経験ゼロの新人」

「AI を人間だと思え」と聞くと、少し精神論のように感じるかもしれません。ただ、これは気合いやイメージの話ではなく、**AI を実務で機能させるための、一番現実的な捉え方**です。

ここで、これからあなたが一緒に働くことになる「シリコン製の新入社員」のスペックを、冷静に整理しておきましょう。この特性を理解していないと、期待しすぎたり、無茶な仕事を振ったりして、結果的に「使えない」という誤解を生みます。

彼らは、とにかく頭がいいです。インターネット上の膨大な情報を学習し、医師国家試験や司法試験レベルの問題にも答えられる。英語はもちろん、プログラミングも高速。マーケティングの一般論を語らせれば、経験豊富なコンサルタントのような言葉が返ってきます。

しかし同時に、**致命的な弱点**があります。それは「あなたのことを、まったく知らない」という点です。

創業の経緯も、あなたが大切にしている価値観も、業界の暗黙ルールも知りません。昨日あったクレームも、過去に失敗した提案も、社内の微妙な空気感も、日本特有の察する文化も、何ひとつ共有されていません。

知識量は大学教授レベル。でも現場感は、**社会経験ゼロの新卒**

社員。これが、AIの正体です。

そんな「頭はいいけれど、何も知らない新人」に、もしあなたがこんな指示を出したらどうなるでしょうか。

「来週の会議用に、いい感じの企画書のたたき台を作っておいて」
と言われた側の新人を想像してみてください。

「え、いい感じって何ですか？」
「誰向けの会議ですか？」
「目的は？　ゴールは？　NGは？」

頭の中は疑問だらけです。ただ、新人は上司に文句を言えません。なので、とりあえずWebで調べ、無難で教科書的な、どこにでもありそうな企画書を作って提出します。

それを見た上司は、こう言います。

「なんだこれ。全然現場で使えないじゃないか」
「やっぱり、わかってないな。AIなんてこの程度か」

でも、冷静に考えてみてください。これ、本当にAIが悪いでしょうか。違いますよね。**文脈も、目的も、判断基準も渡さずに、作業だけを丸投げした側の問題**です。AIが機能しない理由は、ツールの性能不足ではありません。人間側が、指示を出し、背景を伝え、対話するという「マネジメント」をしていないだけです。

AIは魔法のツールではありません。しかし、正しく扱えば、驚くほど優秀な部下になります。その分かれ道にあるのが「どう指示し、どう育て、どこを任せるか」という、人材採用と同じ発想です。

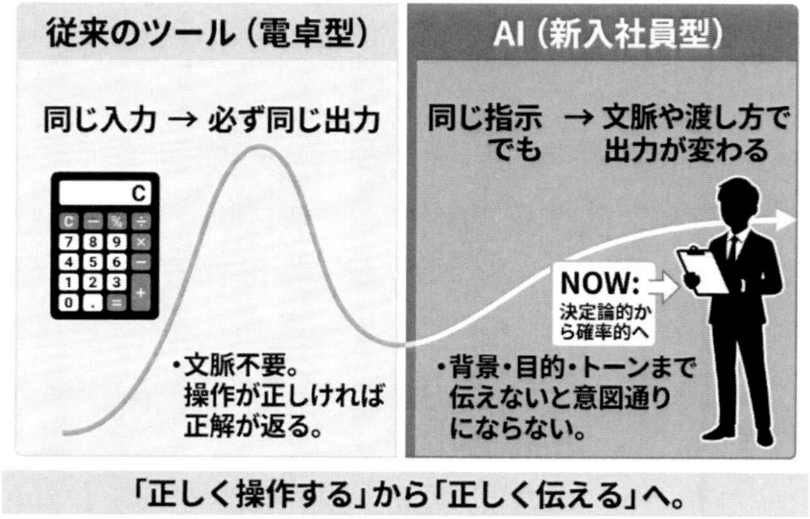

システム導入ではなく「人材採用」

だから私は**「AI を導入するのではなく、人材を採用するものとして捉えてください」**とお伝えしています。たったそれだけの言葉の置き換えですが、この認識が変わるだけで、AI との付き合い方は驚くほど変わります。

AI を「システム導入」だと思っている人の行動には、いくつか共通点があります。

- できるだけ安く課金を済ませようとする
- ボタン1つで正解が出ると期待する
- マニュアル通りに動かないとイライラする
- 少し使って「使えない」と判断したら、すぐ放置する

どれも、これまでの IT ツールとの正しい付き合い方ではあります。ただし、相手が AI である限り、この姿勢はほぼ確実につまずきます。

一方で、AI を「人材採用」だと捉えている人の向き合い方は、まったく異なります。

- 採用した以上、給料以上の価値を引き出そうと考える
- 最初は会社の文化や文脈を知らなくて当然だと理解している
- こちらの意図を伝えるために、言葉を尽くして対話しようとする

もしあなたが、優秀そうな人材を１人、新しく採用したとしたらどうするでしょうか。いきなり仕事だけを投げて「あとはよろしく」とはしないはずです。

「うちはこういう会社で、こういうお客様を大切にしている」
「今回の仕事の目的はこれで、ゴールはここ」
「過去にはこんな成功例があって、これはNGだった」

そうやって、時間をかけて前提を共有し、すり合わせをするでしょう。AI に対しても、**必要なのはまったく同じプロセス**です。

「手間がかかる」「正直、面倒くさい」と感じたかもしれません。ですが、ここで１つ思い出してください。

この新入社員は、

- 一度教えたことを忘れない
- 体調を崩して休むこともない
- 突然、退職代行を使って辞めることもない
- 24時間365日、文句も言わず働き続ける
- 給料は月額数千円程度

これほど**優秀で、安定していて、コストパフォーマンスの高い部下**は、人類の歴史上どこを探しても存在しません。

AIを「安いツール」として雑に扱うか「破格の新入社員」として育てるか。その選択が、これからの事業の伸び方を確実に分けていきます。

指示待ちAIを動かすのは、あなたの言葉

AIは基本的に、**超・指示待ち人間**です。こちらから話しかけない限り、彼らは永遠に黙っています。そして、指示が曖昧であればあるほど、返ってくる仕事も曖昧になります。「AIなんだから、それくらい察してくれよ」という感覚は、今日で手放してください。AIの世界では、察するという文化は存在しません。

だからこそまず必要なのは、あなた自身の頭の切り替えです。もう「AI＝便利なツール」という発想は、ここで完全に捨ててください。今日からあなたは、**AIという部下を抱えたプレイングマネージャー**です。

そう考えた瞬間、悩みの質が変わります。「どのツールを使えばいいか」「どんなプロンプトが正解か」ではありません。自然と、次の問いが立ち上がってきます。

「この優秀な新入社員を、自社のどの業務に配属すれば、一番力を発揮するのか」

これは、ツール選定の話ではなく、**人材配置の話**です。そして、この問いを持てるかどうかが、AIを使う側から、AIを使いこなす側へと立ち位置を変える最初の分岐点になります。

第2節 組織図にAIの席を作る「3つの役割」

AIを「何でも屋」にすると必ず失敗する

AIを新入社員として迎え入れるマインドセットは整いました。しかし、ここで多くの人が陥りがちな、もう1つの落とし穴があります。

それは、AIを**「何でもできる万能な魔法使い」だと過信してしまうこと**です。

確かに今のAIは、文章も書けるし、画像も作れる。計算もできて、翻訳もできる。とても多才です。ただし、それは**役割を決めて使った場合**の話です。目の前の仕事を何でもかんでも無計画に投げてしまうと、ほぼ確実に失敗します。

人間の組織でも同じですよね。新入社員に向かって「君は優秀そうだから、今日から営業も経理も商品開発も、全部1人でよろしく」と言ったらどうなるでしょうか。混乱し、質は下がり、やがて機能不全に陥ります。AIもまったく同じです。能力を最大限に引き出すには、あなたの会社の組織図の中に、**明確な席と役割**を用意してあげる必要があります。

私は AI を採用する際、必ず次の 3 つの役割のどこかに配属させています。

1. 特定タスクを爆速処理する「専門職」
2. 日々の業務のたたき台を作る「実務担当」
3. 意思決定を支える「参謀」

「今回のこの仕事は、どの役割の AI に任せるべきか」という視点を持つだけで、仕事の精度は劇的に上がります。具体的にどんな仕事を任せればいいのか、私の会社での実例を交えながら見ていきましょう。

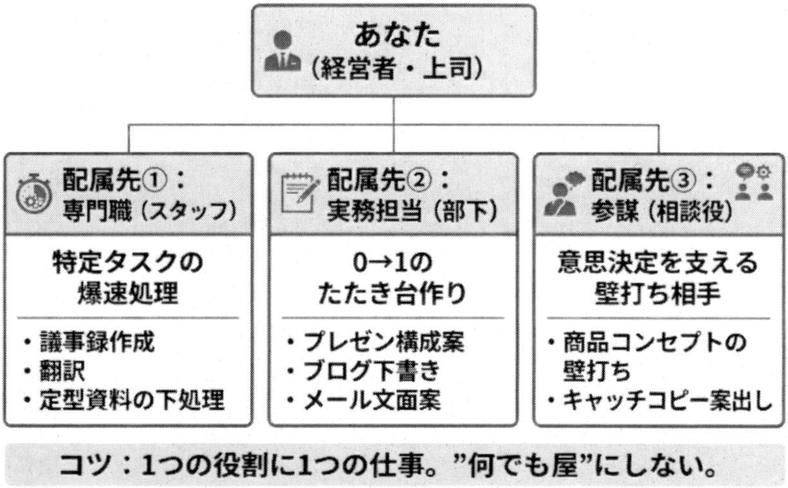

配属先①：専門職（スタッフ）：特定タスクの爆速処理

1つ目は、特定のスキルに特化したプロフェッショナルとしての役割、いわば職人ポジションになります。

代表的なのが、議事録作成です。私も新人時代は、1時間の会議音声を何度も聞き返し、何時間もかけて議事録を作っていました。正直、苦痛でしかありませんでした。

今ならどうでしょうか。音声データをAIに渡せば、数分で正確に文字起こしされ、決定事項と次回までのTODOまで整理された形で返ってきます。

他にも、

- 海外ニュースを翻訳し、要点だけを抜き出す翻訳担当
- 殴り書きのメモを整った文章にする書記
- 定型資料の下処理や整理

こうした仕事は、人間に任せると時間もコストもかかります。あるいは、経営者であるあなたが、深夜に1人で処理している作業かもしれません。

この領域をAIという専門スタッフに任せることで、面倒な単純作業から解放されます。疲れず、文句も言わず、正確に、爆速で処理してくれる、まさに**専属の有能な書記係**です。

配属先②：実務担当（部下）：0から1のたたき台作り

2つ目は、ゼロから作ると時間がかかる仕事の「下書き」を担当させる役割です。

- 来週のプレゼン資料の構成案
- お客様の市場や競合をリサーチ
- ブログ記事のたたき台
- アンケート結果の傾向分析
- 取引先へのメール文面案

このような正解はないけれど、形にするまでが重い仕事こそ、AI部下の真価が発揮されます。

人間が一番エネルギーを消耗するのは「0から1」を生み出す瞬間です。ブログを書こうと思ってパソコンを開いたけれど、真っ白な画面と点滅するカーソルを前にして、1時間もフリーズしてしまった。企画書を作らなきゃいけないのに「何から書き出そうか」と悩んでいるうちに、気づけば夕方になっていた。あなたも、こんな経験が一度はあるはずです。

AIは、この人間にとって一番苦しい「産みの苦しみ」を肩代わりしてくれます。

ここでの最大のコツは**「AIに100点満点を求めない」**ことです。

新入社員に完璧な成果物を求めないのと同じです。「60 点でいいから、まず形にして」と頼めば、AI は数秒でたたき台を出してきます。

白紙の状態から自分で悩みながら書くと1時間かかる資料作成も、AI にたたき台を作らせて、それをあなたが5分で手直しすれば完成します。「0 から 1」を AI に任せ「1 から 100」の仕上げを人間が担う。この役割分担が、実務担当としての AI の正しい使い方です。

配属先③：参謀役：孤独なリーダーの相談役

3 つ目は、私が最も重要視している役割です。特に経営者やリーダーにこそ使ってほしいのが、この「参謀」としての AI になります。

私たちビジネスパーソン、特に責任ある立場の人たちは、常に孤独です。

「この新商品のコンセプト、本当にこれでいいのだろうか」
「売上が伸び悩んでいるが、どこに原因があるんだろう」
「キャッチコピーは、A 案と B 案のどちらが響くだろうか」

そんなモヤモヤを抱えていても、社内の部下には弱みを見せられません。愚痴っぽくなって士気を下げるわけにもいきません。

かといって、迷うたびに高額な外部コンサルタントを雇うわけにもいきません。

そこで、AI を壁打ち相手として使います。

たとえば、

「今、30 代の女性向けにこういう商品を考えているのだけれど、彼女たちが日頃抱えている潜在的な悩みを 10 個挙げてほしい」と打ち込みます。

AI が一瞬で 10 個のリストを出してきます。それを見て、私はこう返します。

「なるほど。では、その中で 3 番目と 5 番目の悩みに焦点を当てて、思わずクリックしたくなるようなキャッチコピーの案をいくつか出してほしい。プロのマーケターの視点で頼む」

このやりとりの価値は、**人間相手の相談で発生する「気遣い」や「遠慮」が一切不要になる**という点です。

もし相手が人間のコンサルタントや部下なら、何度も何度も案を出させるのは気が引けます。「なんか違うな」「もう 1 回ゼロから考え直して」「もっと批判的な視点でダメ出しして」と繰り返せば、相手の表情は曇り、人間関係にヒビが入るかもしれません。

しかし、AI なら何度ダメ出しをしても、どれだけ意見をひっくり返しても、真夜中に思いついたアイデアを投げても、一切嫌な顔をされません。これは、感情を持たない超優秀な社外顧問を、24 時間いつでもポケットに入れて持ち歩いているようなものです。

1 人で頭を抱えて悩み続ける時間は、今日で終わりにしましょう。あなたの横にはすでに、世界中の知識を持った参謀が座っています。

第３節　AI 貧乏を防ぐ「時給換算」フィルター

その AI、本当に「元」は取れていますか？

AI は新入社員であり、適切な配属先を用意すれば、事業にとって強力な戦力になる。ここまでの話で、自社の中に AI をどう組み込むか、その輪郭は少しずつ見えてきたのではないでしょうか。

しかし、いざ導入を現実のものにしようとしたとき、多くの経営者が、もう１つ別の落とし穴にはまります。それが、**コストと時間の計算ミス**です。

ChatGPT の有料版も、Claude も、Gemini の上位プランも、価格帯はおおよそ月額 20 ドル前後、日本円で 3,000 円ほどに設定されています。経営者の感覚からすれば「飲み会一回分くらい」「まあ、安い投資だ」と、ほとんど迷わず課金ボタンを押せる金額でしょう。

月額 3,000 円で、東大卒どころではない知能を持った部下が雇える。表面的に見れば、これほどコストパフォーマンスの良い投資はありません。

ですが、ここで一度、立ち止まって考えてみてください。

その AI、本当に「元」は取れているでしょうか。

私たち経営者は、キャッシュとして外に出ていくお金には非常に敏感です。一方で、自分自身の**時間コスト**については、無頓着になりがちです。AI を導入して「便利になった」「できることが増えた」と感じていても、その裏側で、あなたの貴重な時間が静かに溶けているケースは少なくありません。

新しいツールが話題になるたびに契約する → 使い方の解説動画を見る → 設定をいじる → 思ったような答えが出ず、何度も試行錯誤する → 気がつけば、半日が潰れている → それでも「勉強になったから」と、自分を納得させて次に進む……。

ここで、経営者として、常に頭の片隅に置いておいてほしい問いがあります。

「この作業、本当に自分がやる必要があるだろうか」

「時給 2,000 円のアルバイトさんに任せたほうが、合理的ではないだろうか」

AI の月額料金が安いからといって、あなたの時間まで安く使っていい理由にはなりません。

100時間を「溶かして」気づいた痛い勉強代

偉そうなことを言っていますが、これは私の痛い失敗体験から来ています。理屈として理解していたつもりでも、実際にやってみて初めてわかったことがありました。

以前、業務を極限まで効率化しようと考え、複数のAIツールを連携させる自動化システムの構築に深くのめり込んだ時期がありました。「よし、これを使えば寝ている間に仕事が終わるぞ」と意気込んで、朝から晩まで設定画面と向き合っていました。

結果、どうなったと思いますか。

1か月間で約100時間。そのほとんどを、検証やトラブル対応に費やしていました。

エラーが出る → 原因を調べる → 修正する → 別の部分でまたエラーが出る……。

この繰り返しです。その間、本来であれば私がやるべきだった新規顧客の開拓や、重要顧客との商談、事業の中長期を考える時間は、きれいに削られていました。

もちろん、私はAIを教える立場でもあります。その意味では、この100時間の試行錯誤は、ツールの限界や構造を理解するための「必要な投資」だったとも言えます。

ただ、もし私が**1人の経営者として、同じことをしていたとしたら**、これは完全に判断ミスです。

仮に、この100時間を、時給2,000円の優秀なオンライン秘書に任せていたとします。コストは20万円です。20万円を支払えば、私の時間は一秒も奪われず、システムは完成していたかもしれません。

一方で、私が自分で使った100時間を、経営者の時給で考えるとどうでしょうか。時給1万円と見積もったとしても、100万円。そこに、本来できたはずの営業や意思決定の機会損失を含めれば、数百万円規模のマイナスだった可能性もあります。

設定がうまくいき「できた」と達成感を味わっていましたが、経営の視点で見れば、これは明確な赤字です。高い勉強代でした。

本書の冒頭で触れた「AIを使えば安くできるのだから、単価を下げてほしい」と迫られる構造。実は、経営者自身がAIの操作に張り付くという行為は、**自ら進んで「時給の低い作業者」になること**と、ほとんど同じです。

「自分でやったほうが速い」
「AIならタダみたいなものだから」

これらは、経営者であるあなた自身の時給を、**0円と見積もる判断**に他なりません。AIを使っているのに、なぜか豊かにならない。その入口は、こうした小さな判断の積み重ねにあります。

「AI×人間」が最強のコスパを生む

では、どうすればよかったのでしょうか。答えは単純です。

「AIを使うこと」そのものを、人に任せればよかった。

現在、私は日々の業務の多くを、オンライン秘書の方々にお願いしています。彼らは非常に優秀で、時給2,000〜3,000円程度で安定して働いてくれます。私自身が何時間もかけてプロンプトを考えたり、ツールの設定に頭を悩ませたりすることは、ほとんどありません。

代わりに私がやっているのは「このAIツールを使って、こういう観点でまとめてほしい」という**大枠の指示を、人間に出すこと**です。その指示を受けて、オンライン秘書のほうがAIを使い、下準備や作業を進めてくれます。私が関わるのは、最終的に上がってきた成果物の確認と、意思決定だけです。

この形であれば、私の時間はほとんど奪われません。それでいて、アウトプットの質は安定します。

現在の私の AI 関連コストを、あえて数字で書いてみます。AIツールの利用料が、月額でおよそ1万円。そこに、オンライン秘書の方への報酬を合計して、月10万円ほどです。

この体制で回っている仕事量は、正社員 2〜3 人分に相当します。給与に換算すれば、数十万円分の業務です。

自分で AI を触り続けていた頃と比べると、生産性は明らかに高く、時間的な余裕も生まれ、結果として利益も残るようになりました。ここで起きているのは、特別なテクニックではありません。

AI（部下）×人間（秘書）×自分（上司）

この役割分担を、素直に組んだだけです。AI を自分で完璧に使いこなそうとする必要はありません。AI を使える人間に任せる、という選択肢を持つこと。それが、AI 時代に単価を落とさず、裁量を保ち、価値を上げ続けるための、現実的で、再現性のある戦略です。

使えないと思ったら「解雇」のボタンを押せ

最後に、AI という人材を**雇い続けるかどうかの判断基準**について触れておきます。ここまで読んできた方なら、もうお気づきかもしれませんが、考え方はとても簡単です。

人間であれ、AI であれ、基準は 1 つしかありません。

「アルバイトさんを雇うよりも、高い結果を出しているか」

それだけです。もし、月額 3,000 円を支払っているにもかかわらず、そのツールを開くのが月に数回しかない。使うたびにイライラし、余計に時間を取られている。そんな状態であれば、そのAI はすでに戦力ではありません。経営の視点で見れば、それは**成果を出していない固定費**です。情は不要です。淡々と、解約してください。

AI は採用が簡単な分、解雇もボタン 1 つで完了します。「なんとなく便利そうだから」「今話題だから」という理由で、毎月お布施のように課金し続けるのは、今日で終わりにしましょう。

あなたの会社の利益を最大化するために必要なのは、**シビアな経営者の目線**です。役に立たない人材を抱え続けず、成果を出す人材だけを残す。その判断を積み重ねた結果、精鋭だけで構成された組織が出来上がります。そうなったとき、あなたの仕事は、シンプルかつ収益性の高いものに変わっているはずです。

【ミニワーク】あなたの「組織図」に AI を書き込もう

今のあなたの業務の中で「専門職（定型作業）」「実務担当（たたき台作成）」「参謀（相談役）」として AI を配置できそうな仕事はありますか。いきなりすべてを変える必要はありません。まずは 1 つだけで構いません、頭の中の組織図に、AI の「席」を用意してみてください。

【第２章のまとめ】
部下はそろった。では、どう動かすか？

ここまでで、AIをどう捉えるかという前提の書き換えと、どこに配属し、どうコストを管理するかという役割設計が揃いました。家づくりで言えば、どんな豪雨が来ても揺るがない、強固な地盤が固まった状態です。

ただし、どれだけ優秀な部下がそろっていても、**指示の出し方が悪ければ、一歩も動きません。**ここから先は、あなたの「上司」としての腕の見せどころです。

次章では、このシリコン製の新入社員たちの能力を、120%引き出すための**具体的なディレクションの技術**に入っていきます。世間で言われている「プロンプト」を、暗記する必要はありません。必要なのは、**仕事を前に進めるための、指示と思考の型**です。

第3章

プロンプトは不要。「業務指示書」を作れ

第１節 AIが「ズレる」のには、理由がある

AIを使うときにぶつかる３つの壁

「AIに何度指示し直しても、同じ間違いが繰り返される」
「長文を書かせると、後半になるほど論理が崩れる」
「やり取りを重ねるうちに、最初より回答が雑になってきた」

こうした経験をしたことはないでしょうか。

これは、AIの気まぐれでも、あなたの使い方が悪いわけでもありません。AIの仕組みそのものに組み込まれた、構造的な制約から生まれています。

この制約を、私は「３つの壁」と呼んでいます。壁の正体を知らなければ、どれだけ丁寧に指示を書いても、根本的な解決にはなりません。逆に、壁の正体を理解すれば「なぜこの使い方が正しいのか」という理由が腑に落ち、AIとの向き合い方がもう一段変わります。まず、AIが思い通りに動かない理由を構造として押さえておきましょう。

第1の壁：チャットをまたいで記憶を引き継がない

AI は、チャットをまたいで記憶を引き継ぎません。同じ会話の中では直近のやり取りを参照できますが、別のチャットを開いた瞬間、前回の文脈はすべてリセットされます。さらに同じチャット内でも、会話が長くなりすぎると、古い情報から削られていきます。

たとえるなら、AI は「すぐに記憶をなくしてしまう天才」です。私たちは毎回、この天才にゼロからメモを渡しています。この「一度に渡せるメモの量」に上限があり、それが**コンテキストウィンドウ**と呼ばれる仕組みです。

日本語では1文字がおおよそ1〜2トークンという単位で換算されます。最新モデルでは文庫本5〜10冊分に相当する量を扱えるものもあり、一見すれば十分広いように思えます。しかしここに落とし穴があります。

私たちがAIに送っているのは、自分が打った文章だけではありません。裏側では、AI の振る舞いを定義する設定情報、AI が使えるツールの説明、過去の会話履歴など、これらが自動的に送られ、気づかないうちにメモの余白はどんどん埋まっていきます。容量が上限に近づくと、AIは過去の履歴を自動で圧縮し始め、情報が削られるため性能が落ちます。

同じチャットを長く使い続けると、AI が「だんだん頭が悪くなっていく」感覚があるのは、これが理由です。

【よく聞かれる話】「AI は育てるもの」は本当か

ここで 1 つ、よく聞かれることにお答えしておきます。「AI と長くやり取りするほど、AI が育っていく」という感覚を持っている方に出会うことがあります。気持ちはわかりますが、厳密には誤解です。

AI のモデル自体は、私たちとの会話では変化しません。ChatGPT も Gemini も、何万回やり取りしても、モデルの中身は変わりません。

では、なぜ「育っている感覚」が生まれるのでしょうか。それは、メモリ機能や GPTs・Gems・Projects・Skill などに情報を登録するたびに、AI が受け取る「文脈の質」が上がっているからです。賢くなっているのは AI ではなく、**あなたが渡す情報の精度**です。

逆に言えば、今日から始めても遅くはありません。過去の仕事、判断の基準、言葉の癖などを AI にきちんと渡せば、**使い始めた初日から、3 年使い込んだ状態と同じ質で動き始めます。**「育てる時間が必要」ではなく、「渡す情報を用意できた瞬間に機能する」。これが、AI との正しい向き合い方です。

第2の壁：指示は「増やすほど」質が落ちる

AIはプロンプトの中で、どこにどれだけ「注意」を向けるかを常に計算しています。

指示が1つだけであれば、AIはほぼすべての注意をその指示に向けられます。しかし「丁寧に」「結論から」「簡潔に」「体温のある文体で」「嘘をつかないで」と指示を積み重ねていくと、それぞれに向けられる注意が物理的に分散していきます。最初に書いた「です・ます調で」という指示が、やり取りが進むうちに無視される。これは、AIの怠慢ではなく、注意力が分散した結果です。

スタンフォード大学の研究では、AIは文章の最初と最後には強く注意を向けるが、**真ん中に書かれた情報を見落としやすい**ことも明らかになっています。

この話が教えてくれることは、たった1つです。**指示は、多ければ多いほど良いわけではありません。むしろ逆です。**

AIを開発しているAnthropic社も公式ドキュメントにこう明記しています。

「1つの具体的な回答例は、複数の形容詞的な指示よりも効果が高い」

100個のルールより、1つの実例のほうがAIには伝わります。これが、この章でお伝えする「過去の仕事を見せる」という指示法の根拠です。

第3の壁：後戻りできず一方通行で書く

AI が長文を書くとき、後半になるにつれて論理が崩れ、前半と矛盾したことを言い始める、この現象の根本にある仕組みを知っておいてください。

AI は文章を**一語ずつ、順番に**組み立てます。しかも、後戻りができない完全な一方通行です。

「私は今日の会議で提案をした」という文を生成するとき、まず「私」と出力し、次に「私は」を見て「今日」を出力し……という形で、毎回、自分がこれまで書いたすべてを振り返りながら次の一語を決めています。

ここに致命的な問題があります。文章が長くなるほど、振り返る量は膨大になっていきます。そして途中で間違えた内容を、AI は自力で修正できません。手紙の 1 ページ目で「月曜日」と書くべきところを「火曜日」と書いてしまったら、2 ページ目以降はすべて「火曜日」を前提に話が進む。間違いが間違いを呼ぶのです。

だからこそ、AI に長文を一気に書かせるのは、実は非常にリスクが高いやり方です。途中まで完璧なのに、後半で急におかしくなる――あの現象は、仕組みから来る必然的な結果です。

3つの壁を知ると、渡すべきものが見えてくる

3つの壁を整理すると、こうなります。

- **第1の壁(記憶のリセット)**:大切な情報は毎回渡す。長期作業は新チャットへ切り替える
- **第2の壁(注意力の分散)**:指示は絞る。抽象的な言葉ではなく、実物(過去の仕事)を見せる
- **第3の壁(一方通行)**:分割して依頼する。会話で少しずつ仕上げていく

ここで1つ、大事なことを付け加えます。「指示を絞れ」と言うと「なるべく短くすればいい」と思われるかもしれませんが、少し違います。

第2の壁で減らすべきなのは「抽象的なルール」です。「丁寧に」「感動する文章で」「嘘をつかないで」のような形容詞的な指示を積み重ねても、AIの注意力は分散するだけです。

一方で、「あなたの仕事の文脈」「過去の実績」「判断の基準」といった情報は、むしろ積極的に渡すべきです。これがこの章でお伝えする核心です。

「インプットの量と質　＝　アウトプットの質」

渡す情報の「量」ではなく「中身」が問われています。ルールを増やすのではなく、あなた自身の判断や言葉を渡す。その精度が上がれば上がるほど、AI はあなたの意図を正確に再現し始めます。

3 つの壁は「AI の限界」ではありません。**「何を渡すべきか」を教えてくれる指針**です。この 3 つの壁を知っていると、日々の仕事の中で「なぜうまくいかないのか」が即座にわかるようになります。

AI の回答が途中からズレ始めたら「チャットが長くなりすぎた第 1 の壁」、指示を増やすほど精度が落ちるなら「抽象的なルールを積みすぎた第 2 の壁」、長文になるほど後半が崩れるなら「一気に書かせようとした第 3 の壁」。

原因が特定できれば、対処は単純です。チャットを新しく開く、実例を 1 つ渡す、分割して依頼する。それだけで、多くの問題は解消します。

「なんとなく使えない」という感覚が「構造上こうなっている」という理解に変わった瞬間、AI との向き合い方は一段変わります。この構造を理解したうえで、次節からの指示法を読んでみてください。

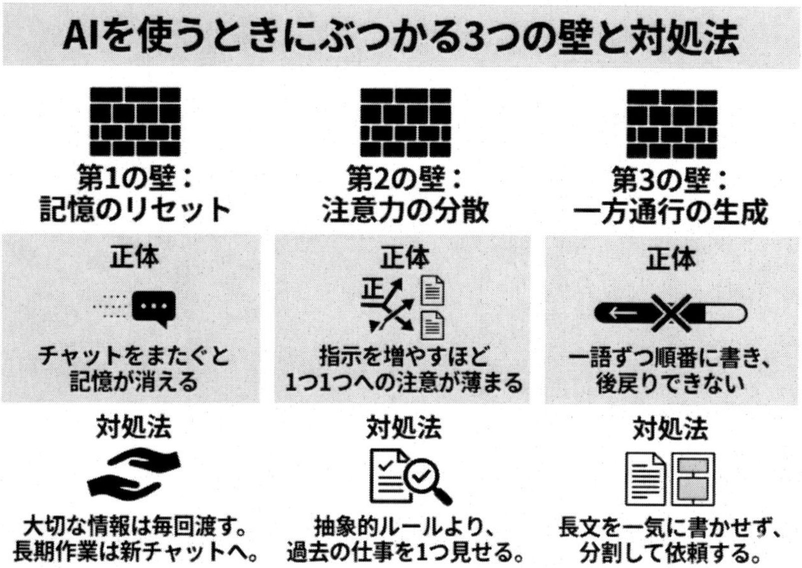
AIを使うときにぶつかる3つの壁と対処法
第1の壁：
記憶のリセット
正体
チャットをまたぐと
記憶が消える
対処法
大切な情報は毎回渡す。
長期作業は新チャットへ。
第2の壁：
注意力の分散
正体
正
指示を増やすほど
1つ1つへの注意が薄まる
対処法
抽象的ルールより、
過去の仕事を1つ見せる。
第3の壁：
一方通行の生成
正体
一語ずつ順番に書き、
後戻りできない
対処法
長文を一気に書かせず、
分割して依頼する。

第 2 節 AI が「あなたらしさ」を再現できる理由

プロンプトという言葉は、今日から忘れていい

AI の世界には「プロンプトエンジニアリング」という言葉があります。AI から良い回答を引き出すための指示文を作る技術、という説明がされることが多いようです。

これを聞いて「何か難しいプログラミングの知識が必要なのではないか」「特別な呪文を覚えないと使いこなせないのではないか」と身構えてしまった方もいるかもしれません。

しかし、現場で日常的に AI を使っている立場からお伝えすると、そんな小難しいことを考える必要は一切ありません。むしろ、その思い込みこそが、AI との距離を無駄に遠ざけています。

そもそも、あなたが人間の部下に仕事を頼むとき、呪文のような言葉を唱えるでしょうか。

「#命令書 #条件 #出力形式……」

そんなロボットのような話し方はしませんよね。実際には「○○さん、来週の会議資料なんだけど、この前の A 社の案件を参考にして、クライアント向けにわかりやすくまとめておいて」と、

ごく普通の言葉でメールを送るはずです。

AIに対しても、これと同じで構いません。第2章でお話しした通り、AIは「新入社員」です。彼らに必要なのは、魔法のコードではありません。「何を、なぜ、それをやってほしいのか」という具体的な業務指示です。

プロンプトとは、単なる「業務指示書」あるいは「依頼メール」に過ぎません。

まずは、この認識を持ってください。それだけで、肩の力が抜けるはずです。

「ブログ書いて」が一番ダメな理由

では、なぜ多くの人が「AIに指示を出しても、思い通りの回答が返ってこない」「文章が機械的で使えない」と感じてしまうのでしょうか。その原因はAIの性能不足ではありません。あなたの「インプット不足」にあります。

たとえば、あなたが優秀なゴーストライターを雇ったとします。そのライターに向かって、いきなり「私の代わりにブログを書いて」とだけ伝えたら、どうなるでしょうか。ライターは戸惑います。「テーマは何ですか」「読者は誰ですか」「社長の文体や言葉の癖はどんな感じですか」と、頭の中では質問が渦巻いているはずです。

しかし、何も渡されなければ、彼らは仕方なく「ネット上にある一般的な情報」を集め、当たり障りのない文章をまとめて提出します。それを読んだあなたは「なんだ、全然自分らしくない。やっぱり他人には任せられない」と感じてしまう。こうした経験に、心当たりはないでしょうか。

これは、AIでもまったく同じことが起きています。繰り返し例に挙げていますが「ブログ書いて」という短い指示は、AIに対して「ネット上の平均点の文章を書いてください」と伝えているのと同義です。だから、無難で、特徴のない、優等生のような文章しか返ってこないのです。

先ほどもお伝えしましたが、AIの世界には、極めてシンプルな法則があります。

インプットの量と質 ＝ アウトプットの質

あなたが渡した情報が少なければ、成果物も薄くなります。基準を示さなければ、AIは平均に寄せてきます。逆に、あなたの考えや過去の判断、言葉遣いを丁寧に渡せば、その熱量は正確に反映されます。AIとは、あなたの指示や思考をそのまま映し出す「鏡」のようなものです。

良い指示を出す「基本の３ステップ」

では、どうすればこちらの意図が、ブレずに正しく伝わるのでしょうか。まずは、どんな仕事にも共通する「基本の型」を押さえてください。

これは私が勝手に作った独自理論ではありません。この型は、Google や OpenAI といった最先端企業でも、社内での指示出しや運用設計の中で大切にされている基本構造です。そして私自身も、社内のスタッフに依頼するときも、AI に指示するときも、必ずこの３つを入れています。

1.【目的と背景（Why）】：なぜやるのか

単に「メールを書いて」ではなく、背景を伝えます。たとえば、同じ「メール」でも目的が違えば、選ぶべき言葉は 180 度変わります。

- クレーム対応で、信頼回復を狙うのか
- 新商品のワクワク感を伝えて、購入につなげたいのか
- 一度離れたお客様を、もう一度戻したいのか

目的が曖昧なままだと、AI は「無難な文章」を作ります。そして、無難な文章は、だいたい何も動かしません。

2.【ターゲット（Who）】：誰に伝えるのか

ここが、一番抜け落ちやすいポイントです。

- IT リテラシーの高いエンジニア向けなのか
- 地元の高齢者向けなのか
- 忙しくて長文を読めない経営者向けなのか
- 失敗が怖くて一歩踏み出せない初心者向けなのか

ターゲットを指定しないと、AI はどうなるか。答えは明確で「誰にも嫌われないが、誰の心にも刺さらない」文章になってしまいます。

3.【出力形式（How）】：どうアウトプットするか

最後は、形を決めます。ここを押さえると、成果物が一気に使える状態まで整います。

- 500 文字以内で
- 箇条書きで 3 点
- 1 行目は結論、2 行目に理由
- 表形式で比較
- 件名案を 5 つ出す
- 文末は「です・ます」に統一する

これらがあるだけで、AI の回答精度は一般的なレベルから「プロのアシスタント」レベルへと一気に引き上がります。これが、世界中で共通する「業務指示書」の基礎です。

ただ、ここで1つ、しっかりお伝えしておきます。この3ステップで返ってくるのは、あくまで「論理的で、破綻がなく、ミスのない」回答です。つまり、**優等生の答え**です。

でも、あなたが本当に欲しいのは、それだけではないはずです。

- あなたの文章には、熱量がある
- あなたの言葉には、体温がある
- あなたの仕事には「あなたらしさ」がある

そして、それこそが、AI時代の最大の差別化要因です。だからこそ、次に必要になるのは、AIを「秘書」から「あなたの分身」へ進化させるための指示です。

業務指示書（プロンプト）の基本3ステップ＋自分らしさの5要素

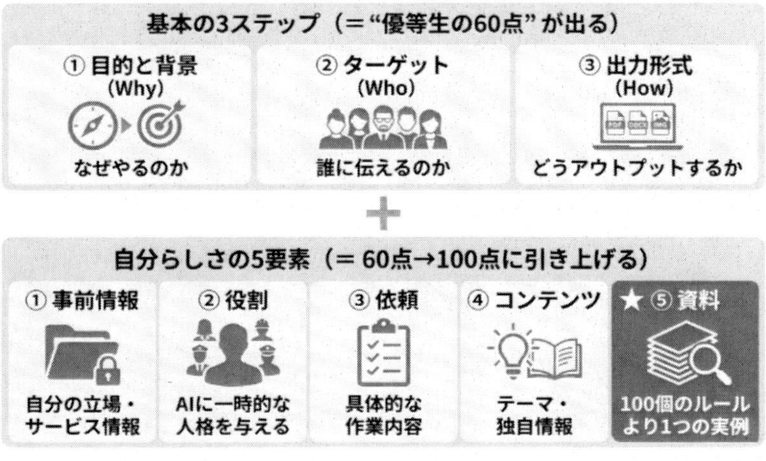

自分らしい文章を書く「5 つの要素」

AI に、まるで自分が書いたかのような「体温のある文章」を書かせるためには、何が必要なのでしょうか。

私が普段、自分の分身として AI に執筆を任せるとき、必ず入れている要素があります。それが、これからお伝えする 5 つです。順番に伝えるだけで、AI の出力が劇的に変わります。

1. **事前情報プロンプト**
   「私は出版社の代表です」「私の扱うサービスの PDF ファイルです」といった、自分の立場や事前情報を伝えます。AI にとって、ここは履歴書のようなものです。

2. **役割プロンプト**
   「あなたは優秀な編集者になりきってください」「UI/UX デザイナーのサブエージェントとしてフィードバックをしてください」といった形で、AI に一時的な人格を与えます。役割が定まると、言葉選びと視点が安定します。

3. **依頼プロンプト**
   「ブログの構成案を 3 つ考えて」「キャッチコピーを 10 個出して」と、やってほしい作業を具体的に伝えます。ここが曖昧だと、アウトプットも散らかります。

4. **コンテンツプロンプト（独自情報）**

「今回のテーマはAIリテラシーです」「この資料の内容をもとにしてください」といった、素材となる情報を渡します。

5. **資料プロンプト（参考例）**

「過去の私の文章はこんな感じです」「このWebサイトのようなトーンで」と、お手本となるスワイプファイルを見せます。

難しく考える必要はありません。

> 「私は○○です。あなたは○○になりきって、××の手順で、△△を参考にして、□□を作ってください」

これを一続きの文章で伝えるだけで、十分に実用的なプロンプトになります。

再現性の正体は「過去のコンテンツ」にある

ここで1つ、多くの方が陥りがちな落とし穴をお伝えします。

AIのアウトプットをもっと自分らしくしたいとき、多くの人がまず試みるのが「指示を増やすこと」です。「丁寧に」「情熱的に」「もう少しプロフェッショナルなトーンで」「体温のある文章で」――こうした言葉を重ねていけば、AIが意図を汲んでくれると思いがちです。

しかし、第1節でお伝えした「第2の壁」を思い出してください。AIの注意力の合計は、常に100%です。指示を増やすほど、それぞれへの注意は分散していきます。「丁寧に」「情熱的に」「プロフェッショナルに」と同時に言われたAIは、どれを優先すればいいかわからず、結果として中途半端な「優等生の文章」を返してくるのです。

実際、AIを開発しているAnthropic社も公式ドキュメントに**「1つの具体的な回答例は、複数の形容詞的な指示よりも効果が高い」**と明記しています。

「もっと情熱的に」「もう少しプロフェッショナルなトーンで」といった言葉でニュアンスを伝えようとするのは、今日で止めましょう。言葉だけで空気感を共有するのは、人間同士でも難しい作業です。

100個のルールより、1つの「実例」のほうがAIには伝わります。

たとえば、

- 過去にあなたが書いたメルマガやブログ
- お客様に送った熱いメール
- 社内向けに書いた経営方針の資料
- セミナーで話したときの台本

こうした「過去の資産」をAIにそのまま渡してください。そして、次のように指示します。

> 「ここに、私が過去に書いたメルマガ原稿が5本あります。これを読み込み、私の文章の癖、価値観、よく使う言い回しを分析してください。その上で、このトーンを再現し、新しいテーマでメルマガを書いてください」

これを実行した瞬間、AIの出力は一変します。「〜だと言えるでしょう」といった機械的な語尾は消え、あなた特有のリズムや、言葉の温度が戻ってきます。実際に私は、この方法でクライアント企業の社長ブログやメルマガを作成したことがあります。完成した原稿を読んだ社員の方から「これ、本当に社長が書いていないんですか」と聞かれました。それくらい、見分けがつかないレベルまで再現されていました。AIが再現できるのは、才能ではなく、あなたがこれまで積み上げてきた「判断」と「言葉」です。

AI がコピーするのは、文章ではなく思考

ここで押さえておきたいのは、AI は文章の表面だけを真似しているわけではない、という点です。

過去のコンテンツをまとめて読み込ませると、AI が学習するのは言い回しや語尾だけではありません。あなたがどんな順番で考え、どこで立ち止まり、何を大切にして判断してきたのか。その「思考の型」そのものです。

たとえば、

「この人は、まず結論から話す」
「機能説明よりも、相手の感情に寄り添う表現を選ぶ」
「リスクについては、かなり慎重に言葉を選ぶ」

こうした判断の癖は、本人にとっては無意識の領域です。しかし、過去の文章や資料を通じて、AI はそこを正確に拾い上げます。言語化しにくい「あなたらしさ」。言い換えれば、あなたの仕事の OS が、少しずつインストールされていくのです。

だからこそ、プロンプトエンジニアリングという言葉に振り回され、魔法の呪文を探し続ける必要はありません。

必要な素材は、すでにあなたのパソコンやスマホの中に眠っています。過去のメール、日報、提案資料、社内向けのメモ、書き殴った下書き。完成度の高い文章である必要はありません。むし

ろ、生々しいほど、AIはあなたを理解します。

それら一つひとつが、AIを「あなたの分身」へと進化させるための、最高の教科書になります。

第３節　分身を作る究極の「メタプロンプト」

指示書自体を作らせるメタプロンプト

ここまで、過去のコンテンツという「実物」を見せることの重要性をお話ししました。ただ、そうは言っても、すべての仕事に過去の資料が揃っているわけではありません。まったく新しい業務に取り組むときや、頭の中ではやりたいことが見えているのに「最初の指示文をどう書けばいいのかわからない」「言葉にしようとすると、急に手が止まる」。そんな壁にぶつかることは、誰にでもあります。

そういうときに使えるのが**「メタプロンプト」**です。言葉だけ聞くと、いかにも難しそうに感じるかもしれません。ただ、やっていることはとてもシンプルです。一言で言えば**「AI への指示書そのものを、AI に作らせる」**という方法です。

考えてみてください。あなたが「魅力的な Instagram 投稿を作って、集客につなげたい」と思ったとします。しかし、いざ AI に頼もうとすると「どんな情報を渡せばいいのか」「何から説明すればいいのか」がわからず、手が止まってしまう。これは珍しいことではありません。

そんなときは、無理に整った指示を書こうとしなくて構いません。むしろ、正直にこう聞いてしまいます。

「私は Instagram で集客をしたいと考えています。あなたが最高の投稿を作るために、私からどんな情報が必要ですか。足りない情報を 5 つ質問してください。その回答をもとに、あなた自身が最適なプロンプトを作ってください。」

この一文を投げるだけで、AI は優秀なコンサルタントのように「ターゲットは誰ですか」「商品やサービスの強みは何ですか」「投稿の雰囲気は、真面目寄りですか、それとも親しみ重視ですか」と、必要な情報を逆に整理して聞いてくるのです。

あなたは、その質問に答えるだけで構いません。すると AI は「では、以下のプロンプトを使ってください」と、目的に合った指示書をまとめて提示してくれます。

あとは、それをコピーして使うだけです。プロンプトの書き方を一から勉強する必要もありませんし、「正しい型」を覚える必要すらありません。

これが、メタプロンプトの入り口です。自分で完璧な指示を書こうとするのではなく「どう頼めばいいか」を AI に聞いてしまう。この発想の転換だけで、AI 活用のハードルは一気に下がります。

人に任せるための「設計図」として使う

さて、ここからが経営者としての応用編です。先ほどの手順で作った「メタプロンプト」は、一度使って終わりにするものではありません。なぜなら、その中には、AI自身が導き出した「成果を出すためのロジック」と、あなたの「やりたいこと」「判断の癖」「仕事の進め方」が、すべて凝縮されているからです。

実は、このメタプロンプトは、AIのためだけのツールではありません。そのまま**「人に仕事を任せるための設計図」**としても使えます。

第2章で、私は「AIを使う作業自体を、スタッフに任せている」とお話ししました。そのときに渡しているのが、まさにこのメタプロンプトです。

「この指示書通りに入力してくれれば、私と同じ基準でアウトプットが出ます」と伝えて渡すだけで、業務の引き継ぎは成立します。スタッフがあなたの思考をコピーしたプロンプトを使って作業することで、出てくる成果物は自然と「あなたらしい」ものに仕上がるのです。メルマガでも、SNS投稿でも、資料作成でも、トーンや価値観を崩さずに量産できる状態が生まれます。

これは、属人化の解消という意味で、かなり本質的な変化です。これまで「社長のこだわり」や「微妙なニュアンス」は、本人にしか出せないものだとされてきました。だからこそ、社長はいつまでも現場から抜けられなかったし、任せたくても、任せられなかったのです。

メタプロンプトは、その前提を壊します。自分の思考を言語化し、再現可能な形にして、AIと人に手渡す。これは、仕事を丸投げすることではなく、判断の軸と品質基準を残したまま、作業だけを切り離す設計です。言い換えれば、メタプロンプトとは**「仕事を自分の手から手放し、組織をスケールさせるための経営技術」**です。

「自社アプリ」を作りURLを渡すだけにする

さらに一歩進むと、そもそも「メタプロンプトを毎回コピペする」という作業自体が不要になります。今のAIツールには、思考や指示をあらかじめ保存し、いつでも同じ状態から仕事を始められる仕組みが用意されているからです。

代表的なものを挙げると、ChatGPTには「GPTs」、Geminiには「Gems」、Claudeには「Projects」といったカスタム機能があります。

これらは、特定のプロンプトや資料、前提条件を事前に登録しておくことで「自分専用のAI」を作れる仕組みです。

ここに先ほどのメタプロンプトを一度登録してしまえば、以降は「コンセプトメイク」や「インスタ投稿作成」「議事録作成」「営業ロープレ」といった専用のボタンを押すだけで、AI は最初からその業務モードで起動します。毎回説明し直す必要はありません。

感覚としては、あなたの会社の業務専用の「自社アプリ」や「専属部下」を、ノーコードで作っているようなものです。

ここまでくると、スタッフへの引き継ぎはさらに簡単になります。プロンプトのテキストを渡す必要すらありません。

「この URL を開いて、あとは画面の指示どおり進めておいてください」

それだけで作業は回ります。思考をメタプロンプトとして言語化し、それを AI に実装し、人には URL を渡す。この流れができて初めて、再現性のある自動化が成立します。

重要なのは、AI が勝手に動く状態を作ることではありません。あなたが不在でも、一定の品質で仕事が進み、要所だけを人が確認すればいい状態を設計することです。ここに到達して、初めて経営者は、現場から一歩距離を取ることができます。

第４節　最強の武器になる「音声入力」の極意

指で話すな、口で書け

ここまで、過去のコンテンツを使って AI に自分を教え込む方法や、メタプロンプトを使って分身を作る方法をお伝えしてきました。ただ、いざ実践しようとすると、ここで多くの人が立ち止まります。

「そこまで詳しく指示を書くのは、正直面倒くさい……」

その感覚は、ごく自然だと思います。背景や意図を丁寧に伝えようとすれば、1,000 文字、2,000 文字とキーボードで入力することになります。これは、苦行に近い。だから結局「ブログ書いて」「これまとめて」といった短い指示で済ませてしまい、期待外れのアウトプットにがっかりする。この繰り返しです。

ここで、1 つパラダイムシフトが必要になります。これからの AI 時代「タイピングが速い」ことは、もはや武器になりません。むしろ、キーボードを叩いている時点で、思考のスピードに入力が追いついていないので、冷静に考えると、かなり非効率です。

人が頭の中で考えるスピードと、指先で文字を打つスピードには、どうしても埋められない差があります。そのタイムラグの間に、アイデアの勢い、言葉の温度、微妙なニュアンスが、こぼれ落ちていきます。

では、どうすればいいのでしょうか。答えは1つ、**音声入力**です。

「音声入力？ スマホでたまに使うけど、誤変換が多くて……」と思った方もいるかもしれません。ただ、その認識は、今日からアップデートしましょう。

ここ数年の音声認識の進化は、想像以上です。多少言葉に詰まっても「あー」とか「えーっと」が混じっても、AIは文脈を理解し、きれいな文章に整えてくれます。完璧に話す必要はありません。思考の流れを、そのまま吐き出せばいいのです。

これからの時代、仕事ができる人とは「タイピングが速い人」ではありません。**AIに向かって、自分の考えを途切れずに話し続けられる人**です。

話し言葉こそ最強の学習データ

音声入力を使うべき理由は、ただ速いからではありません。もっと本質的で、決定的な理由があります。

それは**「話し言葉にこそ、あなたの人間性がそのまま表れるから」**です。

文章を書こうとすると、私たちはどうしても「整えた言葉」を使ってしまいます。「～だと思われます」「～を検討したいと考えています」といった、どこか距離のある表現で、間違ってはいないけれど、正直、体温はありません。一方で、誰かに直接話すときはどうでしょうか。「これ、マジですごいと思うんだよね」「正直、ここが不安なんだよ」といった、**感情の乗った、素の言葉**が自然に出てきます。

実は、この「素の言葉」こそが、AIにとって最高の学習データになります。

第2節でお話しした「自分の分身」を作るプロセスでも、実は**文章より音声のほうが再現性は高くなる**ケースが多いです。音声にはテキストでは削ぎ落とされてしまう情報が詰まっています。

- 言葉に詰まる「間」
- ここだけは伝えたい、という強調
- 話しながら滲み出る熱量や迷い

こうした要素は、文字に起こした瞬間に消えてしまいます。

たとえば、こんな話し方で十分です。

「えーっと、実は今こういうプロジェクトで悩んでて……上司はこう言ってるんだけど、私は……うーん……ちょっと違うと思ってて。そうだなあ、ターゲットは30代の女性で、悩みはこんな感じで……」

これくらいの情報量なら、一分もあれば話せますよね。これを**そのままAIに渡す**のです。するとAIは、その膨大な情報を一気に受け取り、あなたの意図、文脈、そして言葉の温度まで汲み取ったうえで、精度の高いアウトプットを返してきます。

話せば話すほど、AIはあなたを理解します。あなたの考え方、判断の癖、価値観を学習していきます。キーボードを叩くのをやめて、マイクに話す。それだけで、AIは「便利なツール」から「あなたを理解する相棒」へと変わります。

モヤモヤこそ、そのまま AI に投げろ

ここまで読んできて「実際に使い始めたとき、操作がわからなくなったらどうすればいいのか」と感じている方もいるかもしれません。

GPTs の作り方がわからない。設定画面が見つからない。エラーメッセージが出て何が起きているのかわからない……。以前であれば「ググれ」でした。検索して、記事を探して、読んで、試して、また検索して。この繰り返しに、どれだけの時間を使ってきたでしょうか。

しかし今は違います。**「ジピれ」の時代**です。わからないことがあれば、まず AI に聞いてください。スクリーンショットを撮って「これ、どういう意味ですか」と貼り付けるだけで構いません。エラーメッセージをそのままコピペして「どう対処すればいいですか」と投げるだけでも構いません。人に質問する前に、一度 AI と壁打ちしてみる。それでも解決しなかったことを、人に聞く。この順番を守るだけで、相手の時間を奪わず、自分の理解も深まります。

そして、これは「操作がわからないとき」だけの話ではありません。音声入力の最も価値が出る使い方は、**自分でも何が言いたいのかわかっていないとき**です。考えが整理できていない状態でキーボードに向かうと、多くの人は手が止まります。「うまく書け

ない」「まだ言語化できていない」と、思考がフリーズしてしまいがちです。

しかし、音声入力なら止まる必要はありません。たとえば、こんな感じで十分です。

「なんか最近、売上が下がってて困ってるんだよね……。原因はたぶん集客だと思うんだけど、いや、商品力かな？ うーん……正直よくわからないけど、とにかく現状を打破したいんだよ！」

これでOKです。「あー」とか「うーん」とか、全部込みで、そのまま投げてください。AIは、この支離滅裂な独り言を聞きながら、きちんと文脈を拾っています。

「あ、この人はいま、売上が下がっている、原因がわからずに悩んでいる、打開策を探している状態なんだな」と理解した上で「では、まず売上低下の原因を『集客』『商品』『単価』『リピート』に分けて整理してみましょう」と、こちらが驚くほどきれいに思考を整理してくれます。

ここが最大のポイントです。**「整理してから話す」のではありません。「話しながら、整理してもらう」のです。**

これができるのは、AIという感情を持たない、でも頭のいい壁打ち相手を常に連れて歩ける時代だからこそです。

私自身もよくやっています。散歩をしながら、スマホに向かってブツブツ喋る。周りから見れば、ただ電話をしている人にしか見えません。

デスクに戻る頃には、散歩中の独り言が、**企画書のたたき台や、完璧な議事録、次の一手の整理メモ**に変わっている。歩きながら思考が整理され、戻ったらすぐ次のアクションに移れる。

この快感を一度味わってしまうと、もうフリック入力には戻れません。モヤモヤは、敵ではなく、**最高の素材**です。整えてからAIに渡す必要はありません。そのまま、全部投げてください。AIは、あなたが思っている以上に、ちゃんと受け取ってくれます。

【実践ワーク】
現場で即使える！ シーン別・最強ディレクション３選

ここまでで、音声入力を使って自分の思考や判断軸をAIに伝えるための準備は整いました。あとは、それを実際の仕事の中でどう使うかです。

そこで最後に、明日の朝からそのまま使える形で、ビジネスの現場で特に効果が出やすい３つの具体的なシーンを取り上げます。

これから紹介する指示の型は、そのままコピーして使っても構いませんし、構成だけを参考にして、音声入力で話しかけても十分に機能します。大切なのは、正解の言い回しを覚えることではなく「この伝え方で、ここまで返ってくる」という感覚を掴むことです。ここからは、実際に手を動かしながら、自分の仕事にAIを組み込んでいきましょう。

シーン①：トラブル対応（部下AIへの指示）

クレーム対応のメールは、どうしても感情が先に立ってしまい、冷静な文章を書くのに時間がかかるものです。頭ではわかっていても、焦りや苛立ちが残ったまま文章を書いてしまい、後から読み返して「この表現は余計だったな」と感じた経験がある方も多いのではないでしょうか。そんなときこそ、AIの出番です。

たとえば、次のように指示を出します。

> 「私はWeb制作会社の代表です。納期遅延で怒っているクライアント（A社）に対し、誠意ある謝罪と今後のリカバリー案を提示するメールのたたき台を作成してください。トーンは『極めて謙虚だが、卑屈になりすぎない』こと。私の過去のメール文体を参考にしてください」

この一文を投げるだけで、AIはあなたの怒りや焦りといった感情をうまく濾過し、冷静で論理的な謝罪文を提示してくれます。もし読んでみて少し冷たい印象を受けた場合でも「もう少し人間味のある、申し訳なさが伝わる言葉を足して」と会話で調整すれば十分です。最後に、あなた自身の言葉で「心からの反省」を一行添えるだけで、メールとしての完成度は一気に高まります。

さらに、このやり取りを再現性のある形にしたい場合は、メタプロンプト化しておくのも有効です。その際は、いきなり文章を書かせるのではなく、次のように問いかけてみてください。

「私はWeb制作会社の代表です。納期遅延で怒っているクライアント（A社）に対して、誠意ある謝罪と今後のリカバリー案を提示するメールを作りたいと考えています。あなたが謙虚だが、卑屈になりすぎないトーンで、かつ私の過去のメール文体を反映した最適な謝罪メールのたたき台を作るために、現時点で足りない情報を5つ質問してください。その回答をもとに、再現性の高い最強のプロンプトを作成してください」

このように入力すれば、状況に応じて何度でも使い回せる「謝罪メール用の指示書」を作ることができます。感情に引っ張られがちなトラブル対応こそ、AIに一度受け止めさせ、冷静な土台を作る。この使い方を覚えておくだけで、精神的な消耗は大きく減ります。

※メールをそのまま添付する場合、個人情報は必ず匿名化してください。

シーン②：新規事業の壁打ち（参謀AIへの指示）

1人で新しい企画を考えていると、最初は勢いよくアイデアが出るのに、途中から急に枯渇して煮詰まってしまうことがあります。頭の中で同じところをぐるぐる回り始め「これ以上考えても出ないな……」となる状態です。そんなときは、発想力の問題ではなく、単純に「壁打ち相手がいないこと」がボトルネックになっているだけかもしれません。だからこそ、この場面ではAIを優秀な壁打ち相手として召喚しましょう。

たとえば、次のように指示を出します。

> 「あなたは日本一の敏腕マーケターです。30代女性向けの『時短料理アプリ』の新規企画のブレストに付き合ってください。ステップ①：ターゲットが抱えているであろう不安や悩みを30個挙げてください。ステップ②：その悩みの潜在的なインサイトをあぶり出してください。ステップ③：ターゲットのインサイトに突き刺さる訴求案を考えてください。批判的な視点も大歓迎です」

ここで効いているのは「日本一のマーケターになりきってください」という【役割】と、ステップに分けて指示する【依頼】を最初からセットで入れている点です。段階を踏ませることで、AIが場当たり的にそれっぽい答えを返すのではなく、思考の道筋を作りながら考えてくれるようになります。

さらに重要なのは、ここから会話を続けられることです。たとえば、出てきた30個の悩みに対して「3番目と5番目の悩みについて、○○な観点でもっと深掘りしてください」と追加で頼むだけで、1人では到達できなかったアイデアや訴求案が生まれてきます。

そもそも、人間にAIと同じスピードで30個の悩みを出させるのは酷ですよね。だからこそ、こういう「数を出す」「視点を増やす」「たたき台を広げる」タイプの仕事は、遠慮なくAIに任せたほうがいいのです。

また、これを毎回使える形にしたいなら、メタプロンプト化しておくのもおすすめです。その場合は、次のように入力して調整してみてください。

> 「30代女性向けの『時短料理アプリ』の新規企画を考えたいです。そのために、あなたが日本一の敏腕マーケターとして最大限の力を発揮できるように、まず準備をしたいと考えています。質の高いブレインストーミングを行うために、現時点で足りない情報や前提条件を、私に5つ質問してください。その回答をもとに、STEP①ターゲットが抱えている不安や悩みの洗い出し、STEP②その裏にある潜在的なインサイトの深掘り、STEP③インサイトに突き刺さる訴求案の設計、STEP④必要であれば批判的・懐疑的な視点も含めた検証、というステップに沿って一気通貫で行える、再現性の高い最強のプロンプトを作成してください」

この形にしておけば、企画が変わっても、ターゲットが変わっても、毎回ゼロから考え直す必要がなくなります。壁打ちを「気合い」ではなく「仕組み」に変える。ここまでできると、新規事業の検討スピードは一段階上がります。

シーン③：長文の要約とTODO化（専門職AIへの指示）

長い議事録や、情報が詰め込まれた複雑な資料を読むのは、正直かなりの負担になります。すべてに目を通したつもりでも「結局、何が決まったんだっけ」「次に自分は何をすればいいんだっけ」と、肝心なポイントが頭に残らないことも少なくありません。こうした「情報の整理」という作業に関しては、AIの右に出る存在はいないと言ってもいいでしょう。

たとえば、次のように指示を出します。

> 「以下の会議の文字起こしデータから、①決定事項（3行以内）、②次回までのTODOリスト（誰が・いつまでに・何をするか）を、表形式で抽出してください」

この指示で重要なのは、内容そのものよりも出力形式を明確に指定している点です。決定事項は3行以内、TODOは誰が・いつまでに・何をするかが一目でわかる形、さらに表形式で出す。ここまで指定することで、AIのアウトプットは「確認用の文章」ではなく「そのまま使える実務データ」になります。社内チャットやタスク管理ツールにコピペするだけで済むため、あなた自身の作業時間は実質ゼロに近づきます。

さらに、この作業を毎回安定した品質で行いたい場合は、メタプロンプトとして設計しておくのがおすすめです。その際は、次のように入力して調整してみてください。

「会議の文字起こしデータを貼り付けるので、その内容をもとに、正確で実務に使える議事内容の整理を行いたいです。あなたが決定事項を抜け漏れなく整理し、次回までのアクションが一目でわかる形にまとめるために、現時点で足りない前提条件や確認すべき点を、私に5つ質問してください。その回答をもとに、①決定事項（3行以内で要点のみ）、②次回までのTODOリスト（誰が・いつまでに・何をするか）を表形式で正確に抽出できる、再現性の高い最強のプロンプトを作成してください」

こうしておけば、会議の内容や参加メンバーが変わっても、毎回同じ基準で情報を整理できます。長文を読むことに時間を使うのではなく「決まったこと」と「次に動くこと」だけを確実に受け取る。この役割をAIに任せることで、あなたは判断と実行に集中できるようになります。

一発正解を求めるな。「会話」で仕上げる技術

最後に、もう1つだけ大切なポイントをお伝えします。それは「最初から100点の回答を求めない」という姿勢です。

どれだけ丁寧に指示を出したとしても、AIから返ってくる最初の回答が60点前後、ということは珍しくありません。ここで多くの人が「やっぱり使えない」「思ったほどじゃない」と判断してしまいますが、それは少し早すぎます。AI活用の成否を分けるのは、最初のプロンプトではなく、その後の付き合い方にあります。

たたき台が返ってきたら、そこで終わらせず、次の一言を投げてみてください。

> 「この回答は60点です。自分で自分に激辛フィードバックをして、問題点を5つ洗い出してください。その上で、その改善点を反映させた100点の回答を出し直してください」

少し強い言い回しですが、これはAIの世界で**「パワハラプロンプト」**と呼ばれているテクニックです。ただし、目的は感情的に詰めることではありません。AIが本来持っている「自己修正能力」を、意図的に引き出すための指示です。どこが足りないのかを人間が一つひとつ考えなくても、AI自身に反省と改善をさせる。この一工程を挟むだけで、回答の精度は驚くほど上がります。

そして最終的に、人間であるあなたがやるべき仕事は、たった

1つです。AIが出してきた100点に近い回答を確認し「これでいこう」と承認する。それだけです。書くことでも、考え直すことでもなく「判断すること」に集中する。これが、AI時代における人間の正しい立ち位置です。

冒頭で投げかけた問いを、ここでもう一度思い出してください。「AIを使えない人は、外注先として採用されなくなる」という未来。その分岐点は、まさにここにあります。指示を出し、会話で仕上げられる上司になるのか。それとも、指示を待つ作業者に留まるのか。**ディレクション力こそが、あなたのポジションを守る最大の武器**になります。

【第３章のまとめ】
「呪文」を探すのをやめ、「業務指示書」を作る

AI に指示を出すという行為は、単なる作業依頼ではありません。あなたがこれまで積み重ねてきた仕事のやり方、思考の癖、言葉の選び方を AI に移植し、自分自身の分身を育てていくプロセスです。音声入力で考えを渡し、会話を重ね、フィードバックで磨き上げる。その繰り返しによって、AI は「便利なツール」から「あなた以上にあなたを理解しているパートナー」へと進化していきます。

これで、あなたの手元には優秀な AI 部下と、彼らを動かすためのディレクション技術が揃いました。次章からは、この分身たちを使って、日々の業務をどう回していくのか。Human in the Loop（AI の途中に人が入り、確認・判断する運用）という、より実践的な世界へ進んでいきます。0 から 7 を AI が作り、7 から 9 を AI と人間で磨き、9 から 10 を人間が仕上げる。その具体的な手順を、順を追って見ていきましょう。

第4章

100点を求めるな。
AIの「70点」を活かせ

第１節「AIで全部作る」という幻想

AIに任せすぎた、２つの失敗

経営者や個人事業主であれば、誰しも一度は「自分が働かなくても売上が上がる仕組み」に憧れたことがあるはずです。日々の業務に追われる中で、手を動かさなくても結果が出る状態は、まさに理想に見えます。

最近では「Dify」「Make」「n8n」といったノーコードツールが広まり、プログラミングができなくても、複数のAIを連携させた業務システムを構築できるようになりました。かつての私も、この「全自動化」という言葉に強く惹かれた１人です。

「よし、ニュースサイトから情報を取得し、記事を書き、画像を生成し、SNSやブログに投稿するまでを、AIだけで完結させる最強のフローを作ろう！」

そう意気込んで、複雑なSNS・ブログ自動投稿システムを組み上げました。私が寝ている間にもAIが働き、集客してくれる。そんなバラ色の未来を、本気で信じていました。

ところが、そのシステムが正常に動いたのは、最初の１日だけでした。

2日目の朝、何気なくスマホを開いた私は、自分のSNSアカウントに表示された投稿を見て、言葉を失いました。AIがニュースの内容を誤って解釈し、事実とは異なる、ほとんどデマのような文章を拡散していたのです。さらに追い打ちをかけるように、添付された画像は指が6本ある、見るからにおかしなものでした。

慌てて投稿を削除し、冷や汗をかきながらシステムを停止しました。原因を調べてみると、連携ツールの一部でエラーが起きていたり、AIの判断が文脈からズレたまま次の工程に流れていたりと、複数の問題が重なっていました。どれか1つではなく「小さなズレ」が積み重なった結果でした。

私はその日、1日中エラーの改修に追われました。そして夕方、「これを直している時間で、自分で投稿したほうが100倍速かったな」と頭で気づきました。

ただ、正直に言えば、この失敗から少し時間が経つと、また甘い誘惑に心が揺らぎました。SNSを開くと、こんな投稿が流れてきます。

「AIエージェントで40人社員を作って、全業務を自動化した」
「役割を分けてAI組織を作れば、自分は何もしなくていい」

懲りたはずなのに「よし、今度こそちゃんと設計してやろう」と、本気で思いました。

リーダー役のAI、ライター役のAI、リサーチャー役のAI。役割を分けて、ルールを書いて、階層を作る。設計だけで2日かかるような仕組みです。しかし手を動かし始めたところで、ふと立ち止まりました。

「あれ、これ前回と同じ道じゃないか……」

AIには「コンテキストが積み上がるほど精度が落ちる」という構造的な限界があります。ルールを増やせば増やすほど、AIが「どれを優先すべきか」を判断できなくなる。エラーが出たとき、40体のうちどこが壊れているのかを追いかける作業が、やがて本業を超える。作業を減らすために作ったはずのシステムが、確認作業だけで週の大半を奪っていくのが容易に想像できました。

さらに根本的な問題があります。AIには「全体を俯瞰して矛盾に気づく」ことが、現時点ではできません。AがBに影響して、BがCを壊して、CがDに連鎖する――この全体像を把握できる存在が、どこにもいない状態になるのです。全部AIに任せようとした瞬間、全体を見る人間がいなくなる。前回のSNS事故も、まさにこの構造でした。

もっとも、これはAIの能力が低いという話ではありません。技術の進化は速く、こうした複雑な自動化が誰でも安定して使える時代は、思ったより早く来るかもしれません。だからこそ「AI組織を作る」という発想を持つこと自体は、先を読む力として大切です。ただ、**その発想を実行に移すのは、1つのフローを手動**

で美しく回せるようになってからで十分です。私はその日、設計ファイルを閉じました。

「車輪の再発明」をしてはいけない

この失敗から私が学んだ教訓は「AI は魔法ではない」ということです。

多くの人は「Dify や Claude Code を使えば、いろいろな仕組みを自分で作れる」と考えます。確かに、それは事実です。しかし、ここで問うべきなのは「作れるかどうか」ではありません。**自分の時間と労力を使ってまで、あえてそれを作る意味があるのかどうか**、という点です。

実際、複雑な仕組みを自作しようとすれば、想像以上に時間を奪われます。エラー対応やメンテナンスまで含めると、手間は増え続け、いつの間にか本来集中すべき仕事から少しずつ離れてしまうケースも少なくありません。

ここで重要になるのは「なんとなくできそう」という感覚ではなく、明確な基準で判断することです。その代表的な考え方が、第 2 章でお伝えした**「時給換算」**です。

たとえば、顧客管理や予約システムを AI で自作しようとしたとします。試行錯誤を重ね、エラーを修正し、安定して動く状態にするまでに、20 時間、30 時間とかかることは珍しくありません。仮にあなたの時給が 1 万円だとすれば、30 時間で 30 万円分のコストを投じている計算になります。しかも、慣れていない人が作ったシステムは不安定になりやすく、その後も継続的なメンテナンスが必要になる可能性が高くなります。

一方で、世の中には月額数千円を支払うだけで、何百人ものエンジニアが関わって開発され、安定して動作し、スマホアプリまで用意されている優秀な専用サービスが存在します。30 万円分の時間を使って不安定な自作システムを抱えるのと、月額数千円で完成度の高い既存アプリを利用するのとでは、どちらが経営として合理的かを考える必要があります。

答えは、冷静に考えれば明らかだと思います。すでに世の中に存在する便利な仕組みを、わざわざ時間をかけて AI で作り直すことは「車輪の再発明」と呼ばれる、最も非効率な行為の 1 つです。

ただし、例外もあります。「既存サービスでは代替できない、自社ならではの業務」です。たとえば、自社独自の見積もりロジックを反映した計算ツール、自分の判断基準を組み込んだ採点シート、顧客との独自のやり取りに合わせた資料生成の仕組み——こういった「既存のアプリには存在しない、あなたの会社だけの処理」は、自作する価値があります。

以前であれば、こうした仕組みを作るにはエンジニアへの外注が必要で、数十万円のコストがかかることも珍しくありませんでした。しかし今は、Claude Code や Cursor といったツールを使えば、日本語で話しかけるだけで、簡単なアプリや自動化の仕組みが動き始めます。

判断の基準は変わりません。**時給換算で「作ったほうが得か、既存サービスを使ったほうが得か」**だけです。既存サービスで代替できるものを自作するのは車輪の再発明です。しかし、既存サービスでは絶対に代替できない「自社だけの仕組み」を、時給換算で合理的な範囲で作るのは、立派な経営判断です。

答えは「Human in the Loop」

私たちが AI を使う本当の目的は「ツールを作ること」ではありません。「ビジネスの成果を出すこと」です。目的を取り違えると、AI 活用は一気に遠回りになります。

たとえば、スケジュール管理がしたいのであれば、無理に AI で仕組みを作る必要はありません。Google カレンダーを使えば十分ですし、タスク管理も Trello や Asana のような既存サービスで問題ありません。こうした領域は、すでに多くのエンジニアが時間と知恵を注ぎ込み、完成度を高めてきた分野です。

AI に任せるべきは「既存のアプリでは絶対に代替できない部分」

だけです。

他にも、自社に蓄積された独自データの読み解きや、あなた個人の感性や判断軸を反映した文章づくり、あるいはアプリとアプリの間にある細かな手作業の自動化などが、それに当たります。**完成度の高い既存アプリを土台として使い、その隙間を埋める形で AI を活用する**。この距離感が、結果的にもっとも無理がなく、コストパフォーマンスも高くなります。

私の SNS 運用で起きた失敗も、全部 AI に任せようとしたことが原因でした。もし「AI が下書きを作る」→「人間がチェックする」→「既存の予約投稿ツールで投稿する」という流れを守っていれば、あの事故は防げた可能性が高かったと感じています。

AI 業界では「**Human in the Loop**」という考え方が重視されています。AI の処理プロセスの中に、必ず人間の判断や、既存ツールの活用を組み込むという発想です。すべてを自動化しようとせず、「ここは既存アプリのほうが速い」「ここは AI に任せるとズレやすいから、人が見る」と冷静に切り分けていく。その判断を担う立ち位置に立つことが、経営者には求められます。

AI を操作する人になるのではなく、全体を編集する立場に立つ。この「編集長」のようなポジションこそが、AI 時代に無駄な遠回りをせず、成果につなげていくための現実的な立ち位置です。

本当のプロほど「人間」を間に挟む

「全部自動化できないのか。いちいち人間がチェックするなんて面倒だ」と感じるかもしれません。

しかし、その感覚こそが危険です。

命やお金に関わる現場では、すでに「AI と人間の協働」が標準になっています。医療の世界では、画像診断 AI がレントゲンや CT を高速で解析し、疑わしい箇所を提示します。しかし最終判断は必ず医師が下します。AI の処理速度を最大限に活かしながら、見落としや誤認識のリスクを人間が引き受ける設計です。

保険業界も同じです。AI が査定を算出し、専門スタッフが確認する。この二段構えによって、スピードと公平性を両立させています。

本当のプロほど、AI を全自動で回そうとはしません。強力な補助役として使い、最後の責任は必ず人間が持つ。この前提があるからこそ、事故は減り、結果としてコストも抑えられます。

AI 活用とは、任せ切ることではなく、責任の所在を明確にしたうえで、最大限に活かすことです。

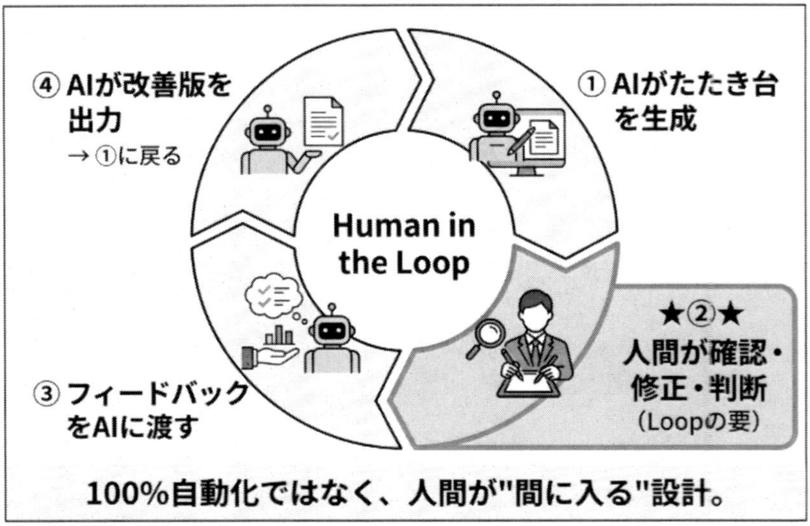
④ AIが改善版を
出力
→ ①に戻る
① AIがたたき台
を生成
Human in
the Loop
★②★
人間が確認・
修正・判断
（Loopの要）
③ フィードバック
をAIに渡す
100%自動化ではなく、人間が"間に入る"設計。

第２節　究極の分業「0→7→9→10」の法則

Human in the Loop の３ステップ

では、具体的にどのような手順で「Human in the Loop」を進めればよいのでしょうか。

多くの人が「AI に作らせて（0→1）、人間が仕上げる（1→10）」という単純な二段階で考えがちですが、現場の実態はもう少し複雑です。

私自身、試行錯誤を重ねる中でたどり着いたのが「0→7→9→10」という３段階の分業です。

- フェーズ①【0→7】：カスタム AI（GPTs／Gems／Projects）による「高精度なたたき台」（70 点）
- フェーズ②【7→9】：AI×人間による「批判と修正」（90 点）
- フェーズ③【9→10】：責任者による「最終仕上げ」（100 点）

なぜ、この３段階なのでしょうか。

AI はよくあるパターンを処理するのは得意ですが、あなたの会社固有の判断や、あなた自身の言葉のトーンは再現できません。スタンフォード大学などの研究チームが、Stack Exchange に長期間未解決のまま残っている難問 500 問を集め、最先端の AI モデルに解かせた研究（UQ ベンチマーク）があります。その結果、最も優秀なモデルでさえ正答できたのは全体の約 15%にとどまり、大半のモデルは 10%にも届きませんでした。だからこそ、たたき台（0→7）は AI に任せ、そこから先の批判と修正（7→9）と最終仕上げ（9→10）には、人間が必ず介入する設計にしています。

この流れに切り替えてから、仕事のスピードも、アウトプットの安定感も、明らかに変わりました。自分が手を動かす場面は必要最小限に抑えながら、全体はきちんとコントロールできる。そんな感覚です。ここから、この考え方を順に整理していきます。

フェーズ①【0→7】：ボタン 1 つで「最強のたたき台」を出す

まず取り組むのは、たたき台の作成です。ここで「ブコグの構成案をざっくり作って」などと、その都度プロンプトを手打ちしているようでは、第 3 章まででお伝えしてきた内容が活かしきれていません。

この段階で使うべきなのは、第 3 章で作った「GPTs」や「Gems」「Projects」といった、あなたの思考をすでにインストール済みのカスタム AI です。メタプロンプトによって、あなたの判断基準や過去のアウトプットは、あらかじめ AI の中に組み込まれています。だから、やることは決まっています。作り込んだ専用ボタンを押すか、最低限のテーマを渡すだけで十分です。

するとAIは、あなたの思考の型に沿って動き始めます。白紙の画面を前にして「さて、どこから考えようか……」と悩む時間は、ここでほぼ消えます。

しかも、きちんと教育されたAIが出してくるアウトプットは、最初から実務で使える水準にあります。感覚的には70点前後。合格ラインの一歩手前までは、一気に連れていってくれます。

人間が最もエネルギーを消耗する「0→1」の区間を、丸ごとAIに任せる。場合によっては「0→1」どころか「0→7」まで一気に飛ばしてしまう。これが、カスタムAIを前提に仕事を組み立てるという発想です。

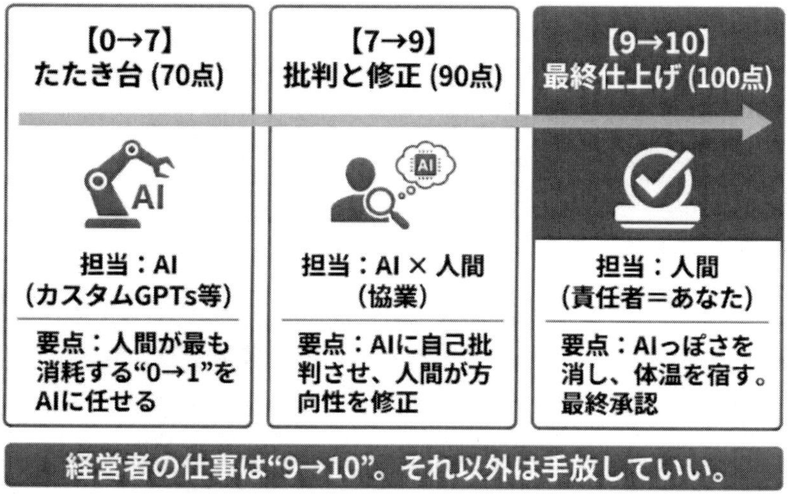

フェーズ②【7→9】：イエスマンを排除して「磨き上げる」

70点のたたき台が出たら、次はそれを90点まで引き上げる「磨き上げ」の工程に入ります。ここが、実は品質を分ける一番重要なポイントです。

この段階で意識してほしいコツがあります。それは、AIの「性格」をこちらから指定してしまうことです。通常のAIは、とても素直です。「いいですね」「素晴らしい視点です」と、こちらの考えを基本的に全肯定してくれます。使っていて気持ちは良いのですが、ビジネスの現場では少し危うい存在でもあります。

なぜなら、穴だらけの企画書や甘いロジックでも、そのまま通してしまう可能性があるからです。そして後でお客様や上司から突っ込まれるのは、AIではなくあなた自身になります。

そこで、このフェーズでは、AIに役割をはっきり与えます。たとえば、こんな指示です。

「あなたは辛口の批評家です。この企画書の論理的な欠陥を5つ、遠慮なく挙げてください」

この一文を入れただけで、AIの反応は一変します。「ターゲットが曖昧です」「収益化の道筋が弱いです」といった具合に、これまでスルーされていたポイントを次々と指摘してきます。これを人間に言われたら、正直しんどいかもしれません。ただ、相手はAIです。感情を気にする必要はありませんし、純粋に「修正すべ

き点」だけを受け取れます。

ここでやるべきことは明確です。自分の考えを無条件に肯定する存在として AI を使うのではなく、あえて欠点を洗い出す役割を与え、その指摘を 1 つずつ潰していくだけです。

この工程を挟むことで、アウトプットは一気に引き締まります。抜け漏れが減り、実務でそのまま使える 90 点のラインまで自然と引き上げられていきます。

究極の自動化「秘書の部下は AI」

さて、ここからが経営者にとっての「本質」に入ります。

実は、このフェーズ①の「ボタンを押してたたき台を出す作業」も、フェーズ②の「辛口 AI と壁打ちして磨く作業」も、**あなたがやる必要はありません。**

必要なのは、あなたの思考を入れた「GPTs」と、先ほどのような「批評家プロンプト」だけです。この 2 つを共有してしまえば、一連の工程はオンライン秘書さんなどのスタッフに、そのまま任せられます。

たとえば、スタッフの方にこう依頼します。

「このGPTsを使ってたたき台を出して、そのあと辛口フィードバックをもらって90点くらいまで仕上げておいてください」

すると、スタッフさんはあなたの分身であるAIと対話しながら、あなたの判断基準や好みに沿ったアウトプットを作ってくれます。あなた自身が画面に張り付く必要はありません。

つまり**「あなたの秘書（人間）」の下に「最強の部下（AI）」**がついている状態になります。人がAIを使い、AIがあなたの思考を再現する。そんな二段構えのチームができあがるわけです。

この形が整うと、仕事の性質が一段変わります。自分でないとできないと思っていた微調整やこだわりの部分まで、分身AIとスタッフのペアが自然に代行してくれるようになります。属人性に頼らず、再現性のある形でアウトプットが回り始めるのです。

フェーズ③【9→10】：AIっぽさを消す

こうして90点まで仕上がった成果物が、最後にあなたの手元へ戻ってきます。ここが、この一連の流れの中で最も重要な工程です。この仕上げを省いてしまうと、あなたの仕事は一瞬で「AIっぽい、冷たい仕事」というレッテルを貼られてしまいます。

AIが生成した文章には、独特の「AIっぽさ」があります。整ってはいるけれど、どこか他人事で、体温がない。これをそのままSNSやブログに投稿すると、読み手は「あ、これAIが書いたな。

手抜きだな」と敏感に気づきます。一度そう思われた瞬間、どれだけ正しいことを書いていても、その文章はもう読まれません。

では、どうすれば「AI っぽさ」を完全に消せるのか。必要なのは文章の上手さではなく「視点の変換」です。**主語を「一般論」から「私」に変える、語尾で逃げない、感情や迷いを一言入れる。**たったこれだけで、文章に体温が宿ります。

また、詳細は読者特典の『AI っぽさを消す実践ガイド』(PDF) にもまとめました。本書の内容とセットで使えるよう設計していますので、ぜひ手を動かしながら確認してみてください。

ライターではなく「編集長」になれ

このワークフローを取り入れると、自分の仕事に対する見え方が、確実に変わってきます。これまでは「文章を書くこと」そのものが自分の役割だと思っていたかもしれません。一から考え、悩み、手を動かして仕上げる。それが仕事だと感じていた人も多いはずです。

しかし、これからの立ち位置は少し違います。AI やスタッフが用意した原稿に目を通し、違和感があれば修正し、世に出すかどうかを判断する側に回る。つまり、**自分が書く人ではなく、全体を見て決断する「編集長」の役割**です。

編集長の仕事は、文章をきれいに書くことではありません。何をテーマにするのか、どの切り口で届けるのかを決めること。そして、その内容に最終的な責任を持つことにあります。

それにもかかわらず、すべてを自分で書こうとするとどうなるか。本来、判断や企画に使うべき時間が、手を動かす作業に奪われていきます。結果として、全体を見る視点が弱まり、事業としてのスピードも落ちてしまいます。

「AIに書かせるのは、どこか手抜きなのではないか？」と感じる人もいるかもしれませんが、その心配は必要ありません。

大切なのは、誰が書いたかではなく、**何を、どの品質で、どれだけ速く届けられるか**です。そのためにAIやスタッフに任せるのは、合理的で健全な判断と言えます。AIという力を前提に仕事を組み立て、自分は判断と責任に集中する。その姿勢こそが、結果的にあなた自身の価値を引き上げていきます。

第３節　自動化したいなら、まず「設計図」を描け

AI エージェントに手を出す前に

ここまでで「Human in the Loop」という考え方をお伝えしました。AI にたたき台を作らせ、人間が確認し、責任を持って仕上げる。このリレーが機能するとき、仕事はスムーズに回り始めます。

ここで少しだけ、先を見越した話をさせてください。

近年「AI エージェント」という言葉を耳にする機会が増えていると思います。Dify や Make、n8n といったノーコードツールを使えば、複数の AI を連携させて、人間がいちいち操作しなくても仕事が流れる仕組みが作れます。さらに、Claude Code や Cursor といったツールを使えば、プログラミングの知識がほぼなくても、自分専用のアプリや自動化の仕組みを作れる時代になってきています。

「興味はあるけれど、何から手をつければいいのかわからない」「友部さんの失敗談を読んで、正直少し怖くなった」という方もいるかもしれません。

安心してください。問題は、自動化そのものではなく、**設計図なしに走り出したこと**でした。逆に言えば、設計図さえ持っていれば、AI エージェントでも、自作のアプリでも、どんな新しいツールが登場しても対応できます。

では、設計図とは具体的に何を指すのでしょうか。難しく考える必要はありません。**ワークフローとは、「この仕事は、誰が、どの順番で、何をするか」を一本の線で描いたもの**です。

ポイントは**「AI に任せる前に、人間が手でやれる粒度まで分解する」**ことです。「記事を書く」ではなく、「情報を集める→構成を考える→下書きを作る→確認して修正する→投稿する』というように、一つひとつの作業が「始め」と「完了」のわかる単位になっていることが大切です。この粒度まで落とし込んで初めて、AI に任せる部分と人間が持つ部分が見えてきます。

逆に言えば、「なんかうまく自動化できない」と感じているとき、原因のほとんどは AI の性能ではありません。作業の粒度が粗すぎて、AI が「何をどこまでやればいいのか」を判断できていないのです。

たとえば、セミナー後のコンテンツ展開であれば、こうなります。

「★」がついた④が、Human in the Loop の要です。この工程を省いた瞬間、第 1 節で起きた「SNS 事故」が再現されてしまいます。

このフロー図が 1 枚描けた瞬間、何かが変わります。「自分はいつも確認を飛ばしていたから、AI の出力をそのまま使ってしまっていたんだ」「AI 工程が曖昧だから、毎回やり方がブレていたんだ」など気づきが自然と出てくるようになります。

そして、この手動フローが美しく回るようになったとき、初めて自動化の入口に立つことができます。

非エンジニアでも「作れる時代」に入った

少し前まで「自動化ツールを使いこなす」「自分でアプリを作る」というのは、エンジニアだけの話でした。しかし、正直に言うと、**その前提は、もう崩れています。**

Claude Code や Cursor といったツールを使えば、「こういうものを作りたい」と日本語で話しかけるだけで、簡単なアプリや自動化の仕組みが動き始めます。プログラミングを一から勉強する必要はありません。

ただし、ここで私がお伝えしたいのは「だから全員が作るべきだ」という話ではありません。**「作れる選択肢が増えた」という事実を知っておくことが大切**です。選択肢を知っている人だけが「これは外注するより自分で作ったほうが速い」「これは既存サービスで十分だ」という正しい判断ができるからです。

1つだけお伝えしておきたいことがあります。AI を使えば、いとも簡単に「それっぽいもの」が出来上がります。しかし、仕組みを理解しないまま先へ進もうとすると、必ず壁にぶつかります。「だいたい動いているのに、あと少しが直せない」「エラーが出ているが、何が間違っているのかわからない」というような状態に陥ったとき、理解なしに進んできた人は、そこで完全に止まってしまいます。

正解は**「作りながら理解する」**ことです。問題にぶつかったとき、その都度 AI に「入社したての新入社員にもわかるように説明してほしい」と問いかけ、理解を確認しながら一歩ずつ前に進む。このスタンスを貫くことが、長期的に大きな差を生みます。

車輪の再発明にならない自動化の事例

ここで重要なのは、第 1 節でもお伝えした「車輪の再発明」を避けるという視点です。すでに優れたサービスがある領域をわざわざ自作するのは時間の無駄です。一方で、**既存サービスでは絶対に代替できない「あなたの会社ならではの部分」**は、自動化やアプリ化する価値が十分にあります。実際に私が Claude Code やノーコードツールで活用している簡単な事例を挙げますので、参考にしてみてください。

事例①：朝の「おはよう」でその日の全体像が出てくる

「おはよう」と入力するだけで、その日の Google カレンダーの予定・進行中の案件のタスク一覧・期限が近いものへのリマインド・AI 関連のニュースまとめが、1 分以内に手元に揃います。

以前は、毎朝カレンダーを開いて、メールを確認して、案件ごとのメモを探して、「あのお客様、今日が原稿確認の日だったか」と過去のやり取りを遡り、気づけば 20 分が過ぎている……。

しかし今では、「おはよう」の一言で、判断に必要な情報が整理された状態で出てきます。この「脳の起動コストがゼロになる」感覚は、複数の著者様とのやり取りや、セミナー・研修が同時進行する今の私には特に効果的です。何より「今日やるべきことを、頭で組み立てなくていい」ので、その分のエネルギーをお客様との対話や企画の判断に使えます。

事例②：セミナー音声が、その日のうちに Facebook・Instagram・メルマガ原稿・ブログ原稿になる

私はセミナーを年間50回以上開催しています。1回のセミナーで話す内容は、ブログ数本分・SNS投稿十数本分の価値があります。しかし以前は「話して終わり」でした。テキスト展開する時間が取れず、そのまま埋もれていくことがほとんどでした。

今はZoomセミナーが終わった瞬間、AIが音声データを元に、Facebook投稿・Instagram用キャプション・メルマガ原稿・ブログの原稿を自動で作成してくれます。私のトーン・語り口・よく使う表現・それぞれのフォーマットはあらかじめAIに書き込んであるので、「友部らしい文体」で各媒体用の下書きが出てきます。

2時間かかっていたテキスト展開が10分になりました。それ以上に大きいのは「発信がしっかりできるようになった」ことです。セミナーの熱量が冷めないうちに、複数の媒体に同時展開できる。1回話したコンテンツを何度も働かせるというのが、個人事業主・

小規模チームの情報発信を継続させる、一番の仕組みだと思います。

事例③：お客様ごとの進捗が、聞くだけで出てくる

複数の案件を同時進行していると、必ず起きる問題があります。「あのお客様、前回の打ち合わせで何を決めたんだっけ」「あの修正、今誰がボールを持っているのか」と、これらを毎回メールやLINEのやり取りを遡って探すのは、地味に消耗します。

お客様ごとに「直近の決定事項」「進行中の作業」「次回確認すべきこと」をファイルで管理し、「○○様の案件、今どこまで進んでる？」と聞くだけで全部出てくる仕組みです。打ち合わせが終わるたびに自動で更新されるので、自分で転記する必要がありません。

打ち合わせの5分前にさっと確認するだけで、前回の決定事項も保留中の話題も頭に入った状態で臨める。お客様側から見ると「友部さん、全部覚えてるな」という信頼感になります。案件が増えれば増えるほど、人間の記憶だけでは必ず漏れが出ます。漏れが信頼の棄損につながる仕事だからこそ、仕組みで防ぐのです。

ツールが変わっても「設計図」は変わらない

これらの事例に共通していることは何でしょうか。どれも「**★人間の確認・判断**」が必ず入っています。自動返信の文面承認も、議事録の確認も、発信内容の最終チェックも、お客様案件の方向性を決めるのも、すべて人間の仕事です。

そして今日ノーコードツールで先ほどの事例のような業務フローを組んだとしても、来年もっと便利なツールが出てきたとき、そのツールに差し替えるだけで済みます。なぜなら、**「誰が何をする」という設計図は変わらないから**です。ツールの名前も操作画面も、半年もすれば変わります。しかし、ワークフローという設計思想は変わりません。

この設計図を持っている人だけが、AIがどれだけ進化しても振り回されることなく、恩恵だけを受け取り続けられます。

第 4 節　センスは不要。クリエイティブの民主化

情報が爆発する時代に、なぜ「図解」が武器になるのか

ここまで、主に「テキスト」を中心とした業務についてお話ししてきました。ただ、実際のビジネスでは、もう 1 つ避けて通れない領域があります。それが、画像やデザインといった「クリエイティブ」の世界です。

その前に 1 つ、現代の情報環境について押さえておきたいことがあります。

2025 年時点で、世界のデータ総量は 175 ゼタバイトと言われていました。DVD に換算すれば、1 日あたり 2 億枚分のデータが新たに生成されている計算です。AI の普及によって文章も画像も動画も生成コストが限りなくゼロに近づいているため、この流れはさらに加速し続けています。

一方で、人間の脳は何千年も変わっていません。カリフォルニア工科大学の研究によれば、人間が意識的に処理できる情報量は毎秒たったの 10 ビットです。目や耳から入ってくる情報は毎秒 10 億ビットに達しますが、意識が処理できるのはその 1 億分の 1 にすぎません。情報は爆発しているのに、人間の処理能力はまっ

たく追いついていません。

このギャップを埋める手段が、**図解やビジュアル**です。同じ情報でも、文章で書いたものと図にしたものでは、頭への入り方がまったく違います。図になった瞬間、全体像がスッと把握できる。相手の認知にかかるコストが、一気に下がります。

これはビジネスの現場で直接的な意味を持ちます。どれだけ優れた提案書も、読むのに時間がかかれば後回しにされます。どれだけ正確な報告書も、パッと見て意味が取れなければ判断が遅れます。AIが普及し、誰もが大量のテキストを生成できるようになった今こそ、「読まなくても伝わる」ビジュアルの価値は静かに、しかし確実に上がっています。

そして、AIの登場によって、この「図解・ビジュアル化」のコストは、かつてとは比較にならないほど下がりました。以前であれば、デザイナーに依頼するか、自分でデザインソフトを覚えるしかありませんでした。しかし今は、言葉で指示するだけで、プレゼン資料のビジュアルも、SNSのサムネイルも、説明図も、ほぼ一瞬で形になります。

ここで多くの経営者が感じてきた「壁」が、まさに次の話につながります。

絵が描けないというコンプレックス

プレゼン資料の表紙、ブログのアイキャッチ画像、チラシのデザイン、新商品のイメージ図、SNS のサムネイル画像など、これらを作る段階になると、急に手が止まってしまう経営者は少なくありません。

「私は絵心がまったくないから」
「センスがないから、パワポで文字だけ並べておこう」
「フリー素材サイトで検索したけど、他社とかぶっている写真しかない……」

こうした言葉に、心当たりがある人も多いはずです。かつての私も、まさに同じ状態でした。頭の中には「こんな雰囲気にしたい！」というイメージがあるのに、それを形にする技術がない。その結果、無難なフリー素材で妥協するか、高い費用を払ってデザイナーに丸投げするか、その 2 択しかないと感じていました。

しかし、AI の登場によって「絵が描けない」「センスがない」という言い訳は、もはや通用しなくなりました。なぜなら、クリエイティブの定義が根本から変わったからです。これからの時代に求められるのは、上手に絵を描く能力ではありません。必要なのは**「何を、どんな印象で、誰に伝えたいのか」を言葉で説明する力**です。つまり、クリエイティブの主役は、技術ではなく意図になりました。

必要なのは「描く力」ではなく「伝える力」

GeminiのNano Bananaなどの画像生成AIを使えば、言葉を入力するだけで、プロ顔負けのイラストや写真がほんの数秒で生成されます。ここで改めて押さえておきたいのは、AIが勝手にセンスを発揮しているわけではない、という点です。AIはあくまで「あなたが出した指示」を、そのまま映像として具現化しているにすぎません。

つまり、これからの時代、綺麗な絵が描けるかどうかは、美術の成績とも、デザイン経験とも、ほとんど関係がありません。問われるのはただ1つ。「自分の頭の中にあるイメージを、どれだけ正確に言葉にできるか」だけです。たとえば「仕事で悩んでいる男性の絵を出力して」と指示すれば、AIはそれなりに無難なイラストを返してきます。ただ、正直これでは不十分で、伝えたい世界観や感情の解像度がまだ低いです。

一方で、こう指示したらどうでしょうか。

> 「30代の日本人男性経営者。深夜のオフィスで、デスクの上のノートパソコンを前に、頭を抱えている。部屋は暗く、パソコンのブルーライトだけが顔を青白く照らしている。画風は実写に近いフォトリアルで、全体に悲壮感が漂うシネマティックな雰囲気にしてほしい」

ここまで言語化できれば、AIはあなたの脳内にある映像を、高品質な再現度で形にしてくれます。もはや「絵が描けない」という事実は、何の障害にもなりません。

これは、第3章でお伝えしてきた「ディレクション」と、本質的にまったく同じ話です。クリエイティブとは、特別な才能ではなく「何を、どう伝えたいのか」を言葉で定義する力そのものです。これからの時代、デザインは一部の専門家だけのものではなくなります。クリエイティブは民主化され、経営者の「言語化能力」そのものが、成果を左右する武器になっていくのです。

「イメージと違う」を撲滅する最強の武器

画像生成AIを使いこなせるようになってから、私の仕事は本当に楽になりました。中でも一番大きかった変化は「外注の失敗」がほとんどなくなったことです。

以前は、デザイナーに仕事を依頼するたびに、どこかで引っかかりを感じていました。「なんかイメージと違うな……」と思いながらも、「でも、何が違うのかを言葉で説明できない」「何度も修正をお願いするのも気が引ける」。そんなモヤモヤを抱えたまま、妥協して納品物を受け取ることも少なくありませんでした。

この問題の正体は、あなたの頭の中にあるイメージと、それを伝えるための言葉の間に、ズレがあるだけです。

今は、そのズレを事前に解消できます。やり方は簡単です。デザイナーに発注する前に、まずAIで「たたき台」を作ります。「こんな雰囲気のロゴにしたい」「配色はこのくらいのトーンで」とAIと壁打ちをしながら、複数の画像を出させてみてください。そして、その中から「これが一番近い」と思える一枚を選び、デザイナーにこう伝えます。

「このAI画像の雰囲気をベースにして作ってください」

これだけで、スムーズに話が進みます。デザイナー側も「なるほど、目指している世界観はこれですね」と迷わず理解でき、無駄なやり取りが一気に減ります。

さらに言えば、ちょっとしたチラシや、テストマーケティング用の広告画像であれば、もう外注する必要すらありません。AIで作ったものを、そのまま使えばいいのです。「外注するほどでもない。でも、自分では作れない」といった、あの中途半端なジレンマが解消されます。思いついた施策を、思いついた瞬間に試せるようになる。このスピード感こそ、AIを手にした経営者が持つ最大の武器です。

AIで作った画像は、完成品として使ってもいいし、プロに渡すための「ビジュアル指示書」として使ってもいい。使い方は自由です。いずれにせよ、あなたが「言葉」を操れるようになれば、世界中のあらゆるテイストのデザインを、自分の事業に取り込めるようになります。

ただ、ここで１つ、誤解してほしくないことがあります。ここまで読むと「もうデザイナーに頼まなくてもいいのでは？」と感じたかもしれません。ですが、私自身は今も、最終的には必ずプロのデザイナーに仕事を依頼しています。なぜなら、**デザインが「本当に良いかどうか」を判断する目は、経験と訓練によって磨かれるものだから**です。AI は強力な下書きと共通言語を与えてくれますが、最終品質を保証するのは、今も人の目です。

あなたは「アートディレクター」になれ

文章における役割が「ライター」から「編集長」へと変わったように、クリエイティブにおけるあなたの立ち位置も、これからは変わっていきます。

自分で手を動かして作る人ではなく、優秀な AI やデザイナーに対して「この企画のコンセプトはこうだ」「光の当て方はもう少し抑えたい」「ここはもっと感情を揺さぶる色使いにしたい」と指示を出し、全体の世界観を統一する役割です。

それが、アートディレクターという立場です。

「センスがない」のではありません。これまで、私たちはただ「どう指示を出せばいいのか」を知らなかっただけなのです。言葉を磨き、意図を正確に伝えられるようになればなるほど、アウトプットされる画像やデザインは、洗練されていきます。

AIを使うことで、経営者の頭の中にある抽象的なイメージや想いは、曖昧なまま消えることなく、そのまま形になります。必要なのは絵心ではなく「どんな世界を作りたいのか」を言葉で定義する力です。

【実践ワーク】
あなたの仕事を「AI」と「人間」で仕分ける棚卸し

では、第4章の締めとして、**Human in the Loop を実際に体感するためのワーク**を用意しました。ここまで読んだあなたなら「全部を AI に任せる」のが危険であることは、もう感覚的に理解できているはずです。

問題は「じゃあ、どこを AI に任せて、どこを人間が持つのか」です。ここでは、**今あなたが抱えている仕事を1つだけ選び、AI と人間の役割を整理してみましょう。**

このワークの目的は「AI を使いこなすこと」ではありません。**自分がやらなくていい仕事と、自分にしかできない仕事の境界線を、はっきりさせること**です。

もし、この分解を1つでもできたなら、あなたはもう「作業者」ではありません。判断と責任を担う側に、一歩足を踏み入れています。難しく考える必要はありません。以下の3ステップで進めてください。

業務棚卸しワークシート：AI × 人間の役割仕分け

STEP 1：一番「重たい」仕事を1つ書き出す

「正直しんどい」「後回しにしがち」な仕事を1つだけ選ぶ

記入欄：

（例：ブログ執筆、月次レポート作成、企画書の作成など）

STEP 2：3段階に分けて、担当を決める

工程	担当	具体的に何を任せる？
【0→7】 たたき台（70点）	[　　　　] AI / 自分 / 既存スタッフ	[　　　　] （例：構成案を出す、情報を要約する）
【7→9】 批判・修正 (90点)	[　　　　] AI / 自分 / 既存スタッフ	[　　　　] （例：AIにダメ出しさせる、事実確認）
【9→10】 最終仕上げ（100点）	[　　　　] AI / 自分 / 既存スタッフ	[　　　　] （例：自分の言葉に書き換え、責任を持って提出）

STEP 3：この分担で、どれくらい時間が浮く？

これまでの所要時間：____時間　これからの予想時間：____時間

浮いた時間で、本来やるべき「人間としての仕事」は？

（例：判断、企画、顧客対応、次の一手を考える時間）

正解はありません。まず1つの仕事で試してみてください。

【第4章のまとめ】
楽をするためではなく、「質を上げる」ために人が入る

この章では、AIにすべてを任せるのではなく、要所で人間が介入することの重要性をお伝えしてきました。

- 「0→7」のたたき台は、AIに作らせる
- 「7→9」の磨き上げは、スタッフとAIに任せる
- 「9→10」は「責任を取ること」「AIらしさを消して体温を宿すこと」「クリエイティブの方向性を決めること」

まさに「9→10」が、経営者であるあなたの仕事です。裏を返せば、それ以外の工程は、もう無理に自分で抱え込む必要はありません。判断と責任に集中するために、作業は手放していいのです。

ここで「なんだ、結局人間が間に入って回すのか。もっと完全に自動化できないのか」と感じた方もいるかもしれません。しかし、ここが分岐点です。この「人間が間に入る手動のワークフロー」を設計できないままでは、どれだけ便利な自動化ツールが登場しても、使いこなすことはできません。手動で美しく回る設計図があって初めて、それをシステムに乗せて自動化できます。AI活用の目的は、楽をすることではありません。成果の質を上げることです。

さて、ここまでは「あなた」と「AI」の関係を中心に話してきました。次章からは、視点をさらに広げます。このAI活用をどう組織に定着させ、チーム全体の生産性を引き上げていくのかという段階に入ります。

ただ、その前に1つだけお約束があります。

どうか**「どのツールのどのボタンを押せばいいのか」という表面的な使い方に振り回されないでください**。ツールの画面や機能は半年もすれば変わります。しかし**「業務のどこにAIを配置し、どこに人間を残すか」という設計思想は変わりません**。

この切り分けの感覚さえ身につければ、明日まったく新しいAIが登場しても「これはあのポジションに使えるな」と冷静に自社の設計図へ組み込めます。AIに振り回される人と、AIを使いこなす人の差は、ツール知識ではありません。自分の仕事の設計図を持っているかどうかです。

ここからは、組織ごとアップデートする第5章へ進みます。

第5章

1人で戦うな。
チームを「上位2割」にせよ

第１節 「ツール迷子」から脱出する戦略

情報を追いかけるのは、今日で終わりにしよう

ここまで読んでくださった方は、もう「AIの基礎体力」が十分についています。あとは、その体力を「どのツール」を使って発揮するか、という段階です。

しかし、ここで多くの人が、再び「情報の洪水」に飲み込まれます。

- 「結局、Claudeが最強だ」
- 「いや、Geminiのほうが賢い」
- 「Manusがないと仕事にならない」

……正直、うんざりしてしまいますよね。

結論からお伝えします。

「ツールは、３つに絞ってください」

あれもこれもと手を出してしまう気持ちはわかります。しかし、新しいツールが出るたびにアカウントを作り、使い方を覚え、アップデート情報を追いかける……。この行動で失っているのは、

月数千円のサブスク代ではなく、**あなたの貴重な「時間」です。** せっかく AI で業務を効率化しようとしているのに、ツールの検証に何十時間も溶かしてしまっては本末転倒です。

私たちの目的は「AI 博士」になることではないはずです。目指すべきは、AI を使って事業の利益を伸ばし、意思決定の質を上げること。そのためには、使うツールを意図的に減らす必要があります。

私が実務の中で検証し続け、「まずはこの 3 つから始めれば十分だ」とたどり着いたスターターの 3 本柱はこちらです。

1. Gemini（Google）：メインの「実務担当」兼「クリエイティブ担当」
2. NotebookLM（Google）：社内資料や過去データを根拠にして、判断を支える組織の「参謀」
3. Genspark：「ここぞ」の制作物（スライド・LP・アプリ）を一気に形にする「専門職」

まずはこの 3 つで、ビジネスの日常業務の 9 割はカバーできます。

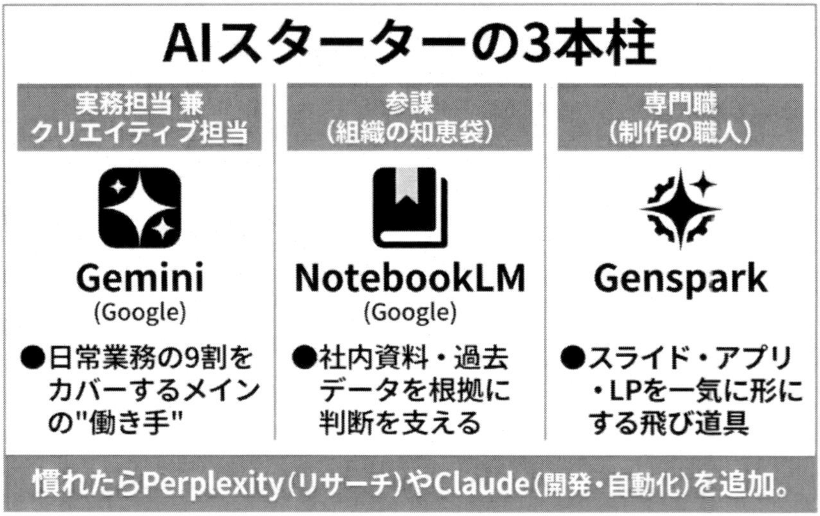

慣れてきたら、状況に応じて他のツールを加えていきましょう。各ツールの詳しい特徴は、読者特典の『ビジネスで使える最新AIツール厳選集』で解説しています。ツール情報は更新が早いため、常に最新版をお届けできるよう特典での配布にしました。巻末の〔書籍限定プレゼント〕からお受け取りください。

メインAIは「Gemini」を軸に、用途で使い分け

まず、普段使いのメインツールとして私が勧めているのが、Google の Gemini です。これは、第 2 章で定義した**「実務担当（部下）」**の役割を、そのまま任せられる存在だと考えています。

ブログの構成案、メルマガの下書き、提案文のたたき台、競合リサーチ、タスク分解……。こういった毎日発生する、ゼロからやると地味に重たい仕事をまとめて受け持ってもらう係です。

私が長く使ってきた ChatGPT から、徐々に Gemini へと軸足を移している理由は、2 つです。1 つは「チーム連携のしやすさ」、もう 1 つは「コストパフォーマンス」という点にあります。

ChatGPT の有料プランは月額 20 ドル、日本円でおよそ 3,000 円前後です。一方、Google Workspace の Gemini は、Business Standard プランで月額 1,900 円から利用できます。さらに、このプランには Google Drive のストレージが 2TB 含まれています。クラウドストレージを単体で 2TB 契約すると、それだけで月額 1,300 円前後かかることを考えると、この点だけでも十分に割安です。（※2026 年 4 月時点）

そして決定的なのが、Google のサービスとの連携が圧倒的に強いことです。Gmail の下書き、Google ドキュメントへの直接反映、スプレッドシートへの出力、Google Drive や NotebookLM との連携——これらが追加の操作なしで一気通貫で動きます。

前述したような毎日発生するゼロからやると地味に重たい仕事を、Googleの世界の中で完結させられるため、この「行き来のなさ」は、日々の業務では想像以上に効いてきます。

もし今、どのAIツールを軸にするかで迷っているのであれば、まずはGeminiに集約する、という判断は十分に合理的です。組織で使うことを前提に考えたときも、説明コストや切り替えの手間を最小限に抑えられます。

経営者がやるべきなのは、ツール選びで悩み続けることではありません。「これでいく」と決めて、前に進むことです。その意味で、Geminiは最初の一本目として、かなり優秀な選択肢だと私は感じています。

ただし、正直にお伝えすると、私自身は用途によってClaudeも積極的に使っています。特に**コードを書く、自動化を設計する、アプリを作る**といった開発領域では、ClaudeとCursorの組み合わせが今のところ最も精度が高いと感じています。第4章でお伝えしたワークフロー設計や自動化の実装は、この組み合わせで動かしているものが多いです。

「Geminiで日常業務を回しながら、開発・自動化はClaudeで」という使い分けが、今の私のスタイルです。

「NotebookLM」で情報を脳に直結させる

2つ目のツールが「NotebookLM」です。これは、第2章で定義した役割で言えば、まさに**「参謀」**にあたります。ただの一般論を語るコンサルタントではありません。あなたの会社の過去の議事録やマニュアル、提案書をすべて読み込んだ「社内事情に精通した参謀」です。

第3章では、NotebookLMを「個人の分身」を作るために使いましたが、第5章では発想を一段引き上げます。ここではこれを「組織全体のナレッジベース」として使います。

使い方はとても簡単です。社内マニュアル、過去の議事録、提案書、Webサイトの URL、YouTube 動画、音声ファイルなど、あらゆる情報ソースを NotebookLM に放り込むだけ。無料版でも最大50個、有料版なら最大300個もの資料を読み込ませることができます。

そして「新人向けの教育マニュアルを作って」「過去のA社の事例を要約して」と質問すると、読み込ませた資料の中から、根拠をもとに正確に答えてくれます。

これまで当たり前だった光景が、ここで消えます。新入社員が「あの資料ってどこにありますか？」と聞き、先輩が「えーっと、サーバーのこのフォルダの……」と探し回る。あのやり取りに使っていた時間が、ほぼゼロになるのです。

これからは**「わからないことがあったら、まず NotebookLM に聞いてみて」**の一言で済みます。

NotebookLM の強みは、ハルシネーションの心配がほとんどない点です。なぜなら、あなたが与えた資料の中からしか答えないからです。個人の記憶や勘に頼るのではなく、組織として蓄積した情報そのものに AI を直結させる。これこそが、属人化を防ぎ、組織の思考レベルを一段引き上げるための、最強の一手です。

「Genspark」はここぞという時の飛び道具

3つ目のツールが「Genspark」です。これは第2章で定義した役割で言えば**「専門職」**にあたります。翻訳や議事録作成を淡々とこなす「事務職人」とは違い、Genspark は形にすることに特化した制作の職人です。

スライド資料、LP、簡易的な Web アプリなど「完成形として提出できる状態」に一気に持っていく。その一点において、非常に強力なツールです。

第4章で Claude Code や Cursor を紹介しましたが、「正直、そこまでは手が出せない」と感じた方もいると思います。そういう方にこそ、Genspark をお勧めします。スライド、LP、簡易アプリ、画像、音楽——本来なら別々のツールや外注先が必要だったものが、**1つの画面から日本語で指示するだけで全部出てくる**。いわば、複数の専門職を1人で兼ねてくれるオールインワンの制作チームです。

たとえば「AI Slide」という機能を使えば、テキストを渡すだけで、デザインされたスライド資料がほぼ一瞬で完成します。自分でパワーポイントを立ち上げ、レイアウトを悩み、フォントを揃え……といった作業は、もう必要ありません。

さらに強力なのが「簡易アプリ作成」の機能です。コードが書けなくても問題ありません。言葉で指示するだけで、簡単なWebアプリがその場で生成されます。たとえば、お客様向けに「3分でわかるサービス相性診断」や「概算見積もりシミュレーター」を作りたいと思ったことはないでしょうか。外注すれば、数十万円かかるのが普通です。しかしGensparkなら「こういう診断アプリを作って」と伝えるだけで、実際に動くものが出てきます。それをWebサイトに埋め込めば、そのまま集客や商談の入口として使えます。

動画やコンテンツ発信をしている方には、もう1つ便利な使い方があります。BGM探しです。著作権フリーの音楽サイトを何時間探しても「これだ」という曲が見つからないことがあります。そういうとき、Gensparkの音楽生成機能を使えば、イメージに近い曲のYouTubeリンクを貼り付けるだけで、似た雰囲気のオリジナル楽曲を数分で作れます。著作権の心配もなく、自分の動画やセミナーのムードにぴったり合った音楽が手に入ります。

多くの人が「文章は○○」「画像は○○」と複数のツールにバラバラと課金し、アカウント管理に疲弊しています。これが第5章の冒頭でお話しした「ツール迷子」の正体です。しかしGensparkを持っていれば、目的ごとにツールを切り替える必要なく、1つの画面で様々な最高峰のモデルにアクセスできます。

「パワポをいじる時間」や「簡単なツール開発で悩む時間」を、経営者が抱え込む必要はありません。そう感じる方にとって、ここに投資する価値は十分にあります。

【補足】リサーチの王様「Perplexity」

最後に補足として、情報収集やリサーチに特化した「Perplexity」にも触れておきます。これは第2章でいう「実務担当」の中でも、特に「調査能力」に尖ったツールです。

GeminiやChatGPTは便利ですが、ときどき平然と嘘を混ぜてきます。一方でPerplexityは、必ず情報元を提示したうえで回答してくれるのが大きな特徴です。

もしあなたの業務が、正確な市場調査やデータ、論文検索を必要とするのであれば、まずPerplexityで素材を集め、その情報をもとにGeminiで思考や文章を組み立てる。この使い分けは非常に相性が良く、とても効果的です。

私の「AI 課金」リアル明細（2026 年 4 月版）

参考までに、私が実際に課金している AI ツールと、その使い分けをすべて公開します。よく「結局、何にいくら使っているんですか？」と聞かれるので、包み隠さず書きますね。

- Google Workspace Business Standard：メインの文章・画像生成、Google アプリ連携、ストレージ
- Claude（Anthropic）：複雑な思考整理・開発・自動化設計
- Genspark：スライド作成、LP・アプリ作成
- NotebookLM：MTG の議事録作成・セミナー文字起こし
  ※NotebookLM は Google Workspace の利用範囲内で活用可能

これらをすべて合わせて、**約月額 1 万円**です。これを高いと感じるか、安いと感じるかは人それぞれだと思います。

ただ、こう考えてみてください。**優秀な実務担当、図書館司書、デザイナー、開発エンジニアを、4 人同時に雇っている**。しかも、24 時間文句も言わず、指示した瞬間に動いてくれる。そう考えると、私は「破格の安さ」だと思っています。

もちろん、最初からすべて契約する必要はありません。まずは **NotebookLM** と、**Gemini**（無料版でも OK）から始めてください。そして「これは明らかに仕事が楽になった」と感じたタイミングで、少しずつ課金すれば十分です。

採用の基準は、第2章でお話しした**「時給換算」**だけです。

「アルバイトさんの時給（1,500円）以上の働きをしてくれたか？」

もし、そのツールがあなたの仕事を1時間以上減らしてくれていないなら、それは「給料泥棒」です。情けは不要で、迷わず**解約**しましょう。私自身も、今使っているツールを正解として固定しているわけではありません。業務の内容が変われば、必要なAI人材も変わります。だからこそ、最新AIツール厳選集に載せているツールも含めて、**定期的に見直し、入れ替え続けています**。

ツールに使われるのではなく、**あなたがツールを使う側でいること**。この主導権さえ手放さなければ、AIはあなたにとって最高のパートナーになります。

第２節　属人化をなくす「AIチーム化」の技術

「1人の万能秘書」ではなく「専門職チーム」を作る

第4章で「設計図なき自動化は事故のもと」とお伝えしました。設計図の考え方は理解できましたが、実際の業務ではどう描くのか。ここからは、第1節で紹介した3つのツールを組み合わせて、**売上に直結する4つの業務フロー**を具体的に示します。

多くの人がAI導入で失敗するのは**「1つのAIに全部やらせようとするから」**です。たとえば、「Gemini、市場調査をして、企画を考えて、文章を書いて、画像も作って」というような指示を出していないでしょうか。

これは、人間で言えば、1人の社員に営業も経理も開発も広報もすべてやらせるようなものです。どれほど優秀でも、パンクしますし、クオリティは中途半端になります。

経営者であるあなたがやるべきは、適材適所です。

- 「調査はリサーチのプロ（Perplexity）に」
- 「思考は頭のいい参謀（NotebookLM）に」
- 「制作は職人（Genspark）に」

私は、このように役割を分けたAI同士をつなぎ、バケツリレーのように情報を渡していく運用をしています。途中で人がチェックして整え、次のAIに渡す。この一連の型を、私は**「AI連携フロー」**と呼んでいます。

この型が一度できてしまえば、毎回ゼロから悩む必要はありません。どんな仕事でも「まずはこの流れに乗せる」という判断ができるようになります。

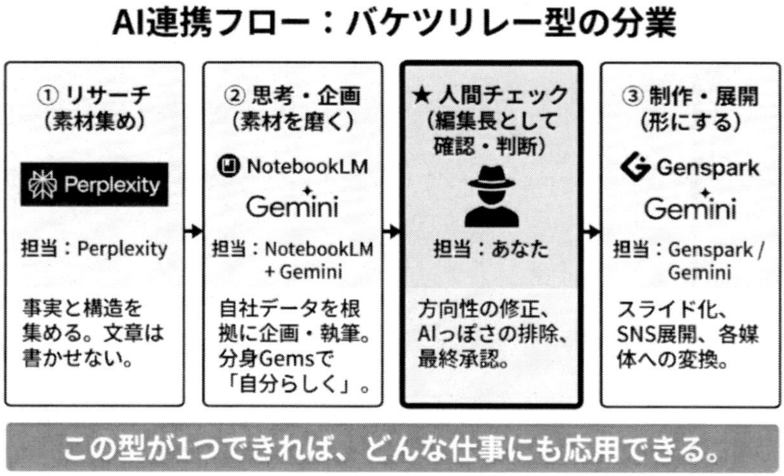

では、**明日からそのまま真似できる「4つの鉄板AI連携フロー」**を、具体例とともに紹介していきます。

ケース①：SNS・ブログ発信の分業化

まず取り上げるのは、多くの事業主が頭を悩ませている「情報発信」です。SNS やブログ、メルマガなど、やらなければいけないとはわかっているものの、毎回ネタを考え、文章を書き、各媒体に展開するのは想像以上に負担が大きい作業です。

この工程を「AI チーム」に任せると、あなたの役割は一気に変わります。自分で手を動かす人から、全体を確認し、方向性を決める「編集長」になるだけで済むのです。

ステップ１：【リサーチ】Perplexity

最初の工程は、ネタ探しです。ここでいきなり Gemini に「何かいいネタない？」と聞くのはおすすめしません。理由は単純で、事実確認が弱くなり、ハルシネーションが混ざる可能性があるからです。

この段階では、検索と調査に特化した Perplexity を使います。たとえば、

「今の○○業界について、業界全体の動きやトレンドを踏まえたうえで、表ではあまり語られないものの、実際には多くの顧客が感じている悩みや不満を５つ挙げてください。そのうえで、それぞれの悩みが生まれている背景や文脈も教えてください」

といった形で質問します。

ここでのポイントは、文章を書かせないことです。Perplexityの役割は、あくまで事実と構造を集めることに限定します。SEOブログであっても、SNS投稿であっても、この段階では「業界全体で何が起きているのか」「共通してどんな悩みが存在するのか」を把握できれば十分です。

ステップ2：【企画・執筆】Gemini（Gems）

次に、その情報をGeminiに渡します。ここで使うのが、第3章で作成した「あなたの分身（Gems）」です。集めたトレンド情報を貼り付け「この内容をもとに、いつもの私の語り口でブログの下書きを書いて」と指示します。すでにあなたの思考や価値観を学習済みなので、細かい指示を出さなくても、あなたらしい切り口の文章が一瞬で立ち上がります。

ステップ3：【品質保証】人間（編集長）

そうして出来上がった下書きを、最後にあなたがチェックします。第4章でお伝えした「AIっぽさを消す」視点を意識しながら、表現や内容を整えてください。より具体的な書き換えパターンは、読者特典の『AIっぽさを消す実践ガイド』で確認できます。

ステップ4：【展開】Gemini

完成した記事は、もう一度Gemini（またはGems）に渡します。

- 「これをX（旧Twitter）用に140文字で要約してください」
- 「Instagram用に箇条書きにしてください」
- 「この内容をもとに、私のメルマガ文章を作ってください」

と指示し、各媒体向けのパーツを作らせます。これで、一本の原稿から各媒体向けの発信素材が一気に揃います。

これが、SNS・ブログ発信におけるAIチームの分業です。あなたは最初から最後まで1人で抱え込む必要はありません。判断と最終確認だけに集中すれば、発信は自然と回り続けるようになります。

ケース②：商品・サービス設計の壁打ち

次は、経営者なら誰もが一度は感じたことのある「孤独な意思決定」を解消するフローです。新商品を作るべきか。価格は適切か。今、このタイミングで出していいのか。こうした判断を、これまでは1人で抱え込んできたかもしれません。AI時代のやり方は違います。1人で悩むのではなく、**AIチームと会議を開きましょう。**

ステップ１：【脳の拡張】NotebookLM

最初にやるのは、相談相手の「前提条件」を揃えることです。この役割を担うのが NotebookLM です。自社の過去の売上データ、顧客アンケート（必ず匿名にする）、競合の Web サイト、過去の企画書などを、まとめて読み込ませておきます。こうすることで、NotebookLM は一般論ではなく「あなたの会社の文脈」を理解した状態になります。

これは、何も知らないコンサルタントに相談するのではなく、社内事情を熟知した相談相手を横に置く感覚です。「うちの場合はどうか？」という前提で話ができる土台を、先に作っておきます。

ステップ２：【仮想会議】Gemini

次に、Gemini で複数の人格（役割）を呼び出します。

- 「あなたは慎重な財務担当 A です」
- 「あなたは辛口な顧客 B です」
- 「あなたは楽観的なマーケターC です」

そのうえで、以下のように指示します。

> 「NotebookLM に入っているデータを前提に、新商品の A 案について議論してください。マーケター、顧客、財務の順で意見を出し、最後にファシリテーターがまとめてください」

すると、AI 同士が勝手に議論を始めます。「顧客目線だと価格が高い」「財務的には利益率が不安定だ」「マーケティング的には今がチャンスだ」といった具合に、1 人では思いつかなかった視点が次々に出てきます。

さらに深掘りしたければ「顧客として、ここが一番不安な点は？」「財務担当として、最低ラインの数字はいくら？」と、それぞれの役割に追加で問いを投げればいいだけです。感情を害することも、気を使う必要もありません。

※2026 年 4 月時点、Gemini から NotebookLM のソースを参照できるようになっています。必要に応じて、Gemini の入力画面から NotebookLM のソースを指定して活用してください。

ステップ 3：【決断】人間（経営者）

そして最後に残るのが、経営者であるあなたの役割です。出そろった意見を踏まえたうえで「やる」「やらない」「今は見送る」と決断する。ただそれだけです。

この役割分担を明確にしておくと、意思決定はとても楽になります。考える材料を集めるのは AI チーム。最終的な責任を取るのが人間。この線引きこそが、AI 時代の経営判断の基本形です。

ケース③：セミナー・講座の資産化

これは、講師業やコンサルティング業をしている方にとって、特に相性のいい使い方です。一度話した内容を、その場限りで終わらせず、**何度も働く「資産」に変えていく**。毎回ゼロからコンテンツを作る必要はありません。すでにあなたが話してきた言葉の中に、使える素材は山ほど眠っています。

多くの人は、セミナーが終わると「はい、おしまい」です。しかし本当にもったいないのは、その後です。1時間、2時間かけて話した内容は、見方を変えれば、ブログ数本分、SNS投稿十数本分、メルマガ数通分の価値があります。それを掘り起こすのが、このフローです。

ステップ1：【素材投入】NotebookLM

最初にやることは、とにかく素材をまとめることです。この役割を担うのがNotebookLMです。Zoomで行ったセミナーや打ち合わせの録画データを、そのまま NotebookLM にアップロードしてください。文字起こし用のツールを別で用意する必要はありません。NotebookLMは、音声や動画の内容そのものを読み取ってくれます。ここでは、整理しなくて大丈夫です。まずは「全部突っ込む」のがポイントです。

ステップ２：【抽出・加工】Gemini（Gems）

次に、その素材から「使えるエッセンス」を取り出します。ここでGemini（Gems）の出番です。NotebookLMのソース情報を前提に、こんな指示を出してください。

> 「このセミナー全体を通して、参加者の反応が特に強かったと思われるポイントを３つ選んでください。そして、それぞれについて、①どんな悩みや疑問に対する話だったか、②なぜそこが刺さったと考えられるか、③メルマガやLPの１つのテーマにするなら、どう要約できるかを整理してください」

こうして抽出されたテキストは、すでに「使える原石」です。それを専用のGemsに渡して「見込み客向けのメルマガを書いて」「SNS投稿用に短くまとめて」と指示すれば、文脈を保ったまま、用途に合わせて書き直してくれます。

ステップ３：【製品化】Gemini（Nano Banana）

最後に、表現の幅を一気に広げます。文章をGeminiのNano Bananaに渡して、こんな指示を出します。

・　「この内容を、カラフルな手書き風の1枚説明画像にしてください」
・　「ブログ用の、思わず読みたくなるアイキャッチ画像を作ってください」
・　「内容を噛み砕いて、漫画にまとめてください」

たった一度話した内容が、文章になり、投稿になり、画像になり、漫画になります。あなたの労働は一度きりでも、コンテンツは何度でも働いてくれる。これが、AIを使った「資産化」の本質です。

ケース④：売上直結の営業・事務の自動化

最後は、**売上に直結する領域**です。同時に、多くの経営者・個人事業主が、心のどこかで「正直、あまりやりたくない」と感じている仕事でもあります。それが、**営業準備と事務作業**です。

実はこの2つこそ、AIチームが最も力を発揮できる分野になります。理由はシンプルで「型がある」「量が多い」「人がやると消耗する」からです。ここをAIに任せられるかどうかで、日々の余裕と売上は大きく変わります。

【売上に直結させる最強の提案書作成】

新規のお客様との商談前、どれくらいの時間を準備に使っているでしょうか。相手の会社を調べ、業界を確認し「たぶん、こういう話をすればいいはずだ」と頭の中で組み立てる。この作業、地味に時間も体力も削られます。ここをAIチームに任せて、**提案づくりを「作業」から「思考の仕事」に戻しましょう**。

ステップ1:【深掘り調査】Gemini / Perplexity

まずは、GeminiやPerplexityの深掘り調査機能(Deep Researchなど)を使い、クライアントの市場環境や競合状況を一気に洗い出します。この段階では、広く・浅くで構いません。「全体像をつかむ」ことが目的です。

ステップ2:【骨子作成】Gemini(提案用Gems)

次に、その情報を、あなた専用の「提案用Gems」に渡します。このGemsは、第3章で作った、あなたの過去の提案や勝ちパターンを学習済みの分身です。

「この会社の課題を整理して、解決策の提案骨子を作って」

と指示するだけで、論点が整理された、十分に使えるたたき台が返ってきます。

ステップ3：【資料化】Genspark

最後に、その骨子をGensparkに渡し「この内容で提案スライドを作って」と頼みます。これだけで、その商談のためだけの**専用資料**が完成します。

実際、私のお客様の中でも、この流れを習慣にしてから「すべての商談に専用資料を持っていく」ようにした結果、成約率が大きく改善したケースがいくつもあります。

資料を作ることにエネルギーを使うのではなく、**何を提案するかを考えること**に力を使う。それが、AI時代の営業の基本姿勢です。

【事務・トレーニング：空いた時間を武器に変える】

事務作業も同じ考え方です。溜まった領収書や名刺は、スマホで撮影してGeminiに渡します。「スプレッドシート形式で整理して」と入力するだけで、経理入力や名刺管理の下準備は終わります。

そして、移動時間やちょっとした隙間時間には「営業ロープレGems」を立ち上げます。

「あなたは決裁権を持つ、気難しい社長です。私の提案を、あえて厳しく断ってください」

こう設定して、音声入力で模擬戦を行う。事務をAIに任せ、浮いた時間でスキルを磨く。このサイクルが回り始めると、個人事業主でも、組織の規模ではなく**準備の質**で勝てるようになります。

ここまで４つのフローを紹介してきましたが、共通していることが１つあります。それは、どのケースにも必ず**「人間の確認」**が入っているという点です。

この手動のフローがしっかり回るようになったとき、初めて次のステージの自動化が見えてきます。第４章でもお伝えしたように、設計図なき自動化は事故のもとです。しかし逆に言えば、設計図さえ持っていれば、自動化は怖くありません。

「誰が・何を・どの順番で・どう判断するか」が自分の中で言語化できた段階で、Dify や Make を使えばその流れをそのままシステムに乗せられます。さらに、自社ならではの仕組みや判断ロジックを組み込みたくなったときは、Claude Code や Cursor が力を発揮します。日本語で話しかけるだけで、あなたの会社だけのオリジナルアプリや自動化フローが動き始めます。

ツールが変わっても、設計図は変わりません。まずは手を動かしながら、この４つのフローを自分の仕事に当てはめてみてください。その先に、自動化という選択肢が、自然と見えてきます。

第 3 節　絶対 NG。リスク管理の「鉄の掟」

その入力、会社の信用を失う行為かも

いきなり怖い話をします。もしあなたが、会社の顧客名簿や、未発表の新商品のスペックを、そのまま無料版の AI ツールに入力しているとしたら……。それは「会社の機密情報を、駅前の広場で大声で叫んでいる」のとほとんど変わらない行為です。

「えっ、チャット欄は私と AI だけの秘密の部屋じゃないの？」

そう思った方は、ここで一度、認識を改めてください。

基本的に、無料版の AI ツールや、適切な設定がされていない環境で入力されたデータは、AI の学習や品質向上のために利用される可能性があります。つまり、あなたが入力した情報が、巡り巡って、**誰か別のユーザーの画面に回答として表示されてしまうリスク**がゼロではない、ということです。

実際に起きた有名な事例があります。2023 年、Samsung の社員が業務効率化の目的で ChatGPT を利用した際、誤って自社の半導体に関する**極秘のソースコード**を入力してしまいました。結果として、その情報は外部に流出したと判断され、Samsung は社内

での生成 AI 利用を一時的に禁止する措置を取らざるを得なくなりました。

この話は、大企業だから起きた特別な事故ではありません。「便利そうだから」「ちょっと試してみただけ」という軽い気持ちでコピペした顧客リストや商品情報が、もし外に出た瞬間、あなたの会社の信用は一気に崩れます。

取り返しがつく失敗と、つかない失敗があります。情報漏洩は、後者です。だからまず、これだけは強く意識してください。

「AI に入力した情報は、全世界に放送される可能性がある」

少し過剰に思えるくらいの危機感を持つことが、AI 時代の最低限のリスク管理です。

「AI に情報を入れたら終わり」の誤解

……と、ここまで脅かしてしまいましたが、実はここからが本題です。

「じゃあ、仕事で AI なんて使えないじゃないか！」と思われたかもしれません。でも、安心してください。ここからが、本当にお伝えしたいポイントです。

重要なのは「AI に情報を入れたら即アウト」なのではなく**「ど**

のAIに、どんな設定で入れるか」です。この違いを理解せずにいると「危険だから全部禁止」という、もったいない判断に陥ってしまいます。

ここでまず知っておくべきなのが、**「オプトイン」と「オプトアウト」**という設定の違いです。無料版のChatGPTやGeminiなどは、デフォルトで入力データがAIの学習に利用される「オプトイン」の状態になっています。一方で、設定画面からの操作などで「自分のデータを学習に使わないでほしい」と拒否するのが「オプトアウト」です。AIは「学習されるから危険」と盲目的に遠ざけるのではなく、「オプトアウト設定にすれば学習には使われない」という事実を理解することが、正しい活用の第一歩です。

さらに、社内情報や機密情報を扱う場合は、個人の設定漏れリスクを防ぐためにも、ChatGPT EnterpriseやCopilotなどの**「法人向け有料プラン」**を利用するのが鉄則です。これらは企業側でデータ管理をコントロールでき、最初から学習不可の環境が用意されています。

私が一貫して有料の「Gemini（Google Workspace版）」や「NotebookLM」を推奨しているのは、この点が明確だからです。Googleは公式に、次のように明言しています。

「お客様のデータは、お客様のものです。GoogleがAIモデルのトレーニングに使用することはありません」

つまり、先ほど紹介したSamsungの事件は「AIを使ったから起きた」のではありません。**「学習に使われる設定のツールを、業**

務用途で使ってしまった」ことが原因です。逆に言えば、学習に使われないことが明確な、企業向けの環境を選び、正しく使えば、社外秘の情報を扱うこと自体は問題になりません。

ところが、正しい選択肢を用意しなければ、現場は勝手に動きます。以前、ある企業で人事を担当している知人が「採用面接の議事録や評価シートの要約に ChatGPT を試してるんですけど、めちゃくちゃ便利で！」と目を輝かせていました。私が「それ、コンプライアンス的に一発アウトですよ」と指摘した途端、「いや、本番データには使ってないです！ メールの雛形を作ってるだけで……」と慌てて取り繕いました。

これが現場のリアルです。この現象は「シャドーAI」と呼ばれており、便利さを知った社員は、禁止されていても隠れて使います。**「うちの社員に限って……」は、経営者として最も危険な錯覚**です。

それにもかかわらず、多くの経営者はここを混同します。「AI は危ない」「だから、うちは AI 禁止でいこう」という極端な判断が、結果的に組織の生産性を下げてしまうのです。

押さえるべき線引きは、**「無料のまま使う AI」と「企業向けに管理された AI」は別物**ということです。この境界線を正しく理解することが、AI 導入のスタートラインになります。

何でも入れていいわけではない３つの区分

システム的に安全だからといって、思考停止で何でも AI に放り込んでいいわけではありません。どんなに環境が整っていても、画面共有のミスや、スクリーンショットの誤送信など、人間由来のヒューマンエラーのリスクは必ず残るからです。

そこで私は、扱う情報をあらかじめ３つに分け、それぞれルールを決めています。

１．社外秘資料（社内マニュアル・企画書）：OK

これは、NotebookLM や Gemini に読み込ませて問題ありません。公式に「学習利用されない」と明言されており、仮に外に出たとしても被害は社内にとどまる範囲です。むしろ、ここを入れなければ AI は「あなたの会社を理解した部下」にはなりません。活用の前提となる情報です。

２．顧客データ（個人情報）：要加工

氏名、住所、電話番号、メールアドレスなど、個人を特定できる情報は、そのまま扱わないのが原則です。システム的には安全でも「うっかり見られる」「意図せず共有される」という事故の可

能性はゼロにはなりません。この領域では、**必ずマスキング（匿名化）**を行います。「A 社の 30 代男性顧客」「都内在住の女性会員」といった形に変換して**個人や企業が特定できない状態**にしてから使ってください。

3．契約書：条件付き OK

自社が作成した契約書をチェックさせたり、表現を整えさせたりする用途であれば問題ありません。ただし注意が必要なのは、取引先との秘密保持契約（NDA）が絡む資料です。相手企業の許可なく、第三者的なツールに情報を入力すること自体が、契約違反になる可能性があります。ここは AI 以前に、法律の問題です。扱う前に、必ず契約内容を確認してください。

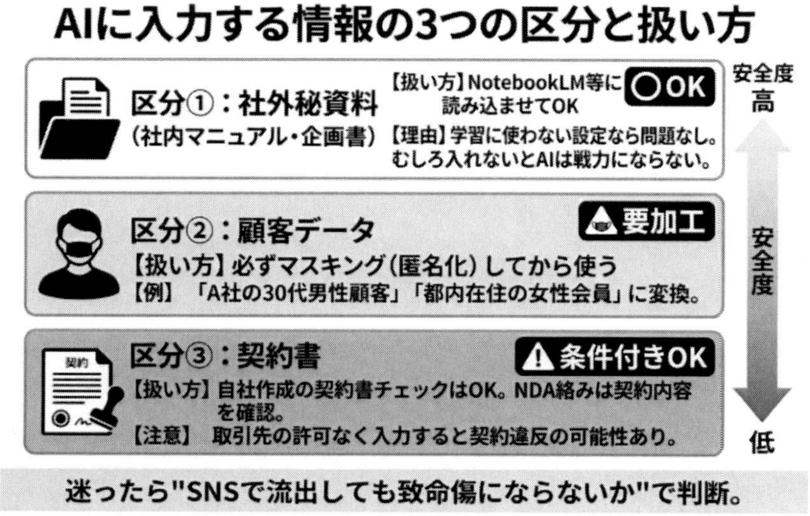

現場で徹底すべき「3つの掟」

これらを踏まえた上で、現場で徹底すべき「鉄の掟」を3つお伝えします。

ルール①：固有名詞はすべて「X」に置き換える（匿名化）

先ほど触れた通り、安全なツールを使っていたとしても「匿名化」は習慣として徹底してください。

たとえば「株式会社友部商事の友部社長との契約トラブルで……」と、そのまま入力するのはNGです。これを「取引先のA社の代表B氏との契約トラブルで……」と書き換えます。社名や人名、商品名といった固有名詞を「A社」「B氏」「X商品」といった記号に置き換えるだけでリスクは一気に下がります。

重要なのは、AIにとっては**実名である必要がない**という点です。文脈さえわかれば「A社への対応策」として、十分に実務で使えるアドバイスを返してくれます。

私は、AIに入力する内容は「万が一、ブログやSNSで流出しても致命傷にならないか？」と常に自問自答しています。このフィルターを一枚、頭の中に入れておくだけで、大きな事故は防げます。

ルール②：AIは「息を吐くように嘘をつく」と心得る

次に意識すべきなのは、AIのアウトプットとの向き合い方です。第4章でも触れましたが、AIは「ハルシネーション」と呼ばれる、もっともらしい嘘をつく癖があります。

特に注意が必要なのが、以下の4つの領域です。

1. 数字・データ（人口、売上、統計など）
2. 法律・制度（著作権法、補助金の要件など）
3. 医療・健康情報
4. 人物・経歴

この分野については**「AIの回答は、基本的に疑う」**という姿勢で接してください。必ず、官公庁のサイトや信頼できる一次情報を、人間の目で確認する「裏取り」が必要です。

Perplexityなどの「ソース付き検索AI」を使えばリスクは減らせますが、最終責任は人間です。少し厳しい言い方になりますが「AIが言っていたので……」という言い訳は、ビジネスの世界では「私は判断の責任を放棄しました」と宣言しているのと同じです。

ルール③：「生焼け」の料理を客に出すな

最後は「品質のリスク」です。

AI が書いた文章や、AI が作った資料を、手直しせずにそのまま上司やクライアントに提出していないでしょうか。

それは、下ごしらえだけ終わった生焼けの肉を、そのままお客様に出すようなものです。口にした相手は、すぐに気づきます。「なんか違う」「心が入っていない」「手を抜かれた」と感じた瞬間、信頼は静かに削れていきます。

第 4 章でお伝えした「AI っぽさを消す工程」を通していないものは、決して世に出さない。これは、個人の美意識ではなく、チーム全体のルールとして共有してください。

AI に任せていいのは、あくまで「下ごしらえ」までです。最後の「味付け」と「責任」は、人間が引き受けます。

この一線を守れる組織だけが、信頼を失わずに生産性を高めていけます。

自分で作ったアプリが「凶器」になる日

第 4 章で、Claude Code や Cursor を使えば日本語で話しかけるだけでアプリが動き始めるとお伝えしました。バイブコーディングと呼ばれるこの開発スタイルは、経営者にとって強力な武器です。

しかし、もう 1 つの現実をお伝えしなければなりません。

まず「作る前」の話をします。Claude Code のようなツールは、あなたのパソコンの中を自由に動き回り、ファイルを読み書きし、外部と通信する権限を持っています。作業の途中で英語の確認メッセージが何度も表示されますが、あれは「こういう操作をしていいですか？」という AI からの最終確認です。

正直、あの確認、毎回きちんと読んでいますか？

おそらく多くの方が「OK、OK、承認」と、ほぼ反射的に押しているのではないでしょうか。**その 1 クリックが、何を許可しているのかを理解しないまま押しているとしたら、それは非常に危険な行為です。**

たとえば、プログラムの中には「API キー」と呼ばれる、外部サービスを使うための鍵のようなデータがあります。これはクレジットカードの暗証番号と同じくらい重要なものです。AI がこの鍵を含んだファイルを誤って外部に送信してしまえば、他人があなたのお金で好き放題サービスを使えてしまう。ある日突然、数十万円の請求が届く……。これは十分に起こり得る話です。

家の鍵は出かけるとき当たり前のように必ず閉めると思います。しかし今、多くの人が**デジタルの鍵を開けっぱなしにしたまま、パソコンの中を自由に触れる AI を使っている**のです。リスクを知った上で鍵を開けているのと、鍵の存在すら知らないのとでは、まったく話が違います。

次に「作った後」の話です。セキュリティ企業 Veracode が 2025 年に公表した調査によると、100 種類以上の AI にプログラミング課題を解かせたところ、生成されたコードの **45%にセキュリティ上の脆弱性**が含まれていました。しかも AI の性能が上がってコードの正確さは改善されているのに、セキュリティの改善はほぼ横ばいです。

「ちゃんと動く。でも、鍵が開けっぱなしの家」

これが AI 生成コードの現実です。

これまではエンジニアが作っていたからこそ、セキュリティ対策はプロの手で施されていました。バイブコーディングの時代は、**その対策を施す人が、いなくなります**。トレンドマイクロの 2026 年脅威予測でも、脆弱なアプリの増加が警告されています。しかも攻撃者側もバイブコーディングを悪用し始めている。「作る側」だけでなく「壊す側」も、ハードルが下がっているのです。

「だから作るな」ではありません。**作れる時代だからこそ、守りの意識が必要**です。3つだけ押さえておきましょう。

1. **「社内だけで使うもの」と「外に出すもの」を分ける**
   顧客に URL を渡す、個人情報を入力させるものは、まったく別の基準で考えてください。
2. **個人情報を扱うアプリは、自作しない**
   名前、メールアドレス、決済情報を扱う機能は、実績ある既製サービスに任せる。第4章の「車輪の再発明をしない」原則は、セキュリティではさらに厳格に適用されます。
3. **公開前に、必ず「詳しい人」の目を通す**
   数万円のセキュリティレビューで、数百万円規模の事故を防げる可能性があります。時給換算で考えれば、これほど割のいい投資はありません。

「動く」と「安全」は、まったく別の話です。この一線だけは、忘れないでください。

「AI が作った」は免罪符にならない

もう 1 つ、見落とされがちなリスクがあります。著作権です。AI は嘘をつくだけではありません。**他人の作品に似たものを、悪気なく生成する**可能性があるのです。膨大な文章や画像を学習している以上、あなたが「かわいい猫のイラストを描いて」と指示しただけで、有名イラストレーターの作品にそっくりなものが出てくることは技術的に十分あり得ます。

「でも、自分はその作品の存在すら知らなかった。偶然似ただけだ」

残念ながら、この言い訳は通じない可能性が高いです。文化庁が公表した「AI と著作権に関する考え方について」では、AI 生成物の著作権侵害は**「類似性」と「依拠性」**の 2 つで判断されるとされています。

ポイントは「依拠性」です。通常は「相手の作品を知っていて参考にした」場合に認められますが、AI の場合は違う。**あなたが知らなくても、AI が学習データとしてその作品を読み込んでいれば、依拠性ありと推定される**可能性がある。しかも「偶然の一致です」と証明する責任は、訴えられた側に転換されます。

そして最も重要な事実として、**著作権侵害の責任を負うのは、AI の開発会社ではなく、生成物を使った「あなた」です。**多くの AI サービスの利用規約に「生成物に関する紛争は利用者の責任」

と明記されています。2025年には大手新聞3社がAI企業を著作権侵害で提訴する動きもあり、これはもう「将来の話」ではありません。

対策は3つだけです。

1. **「〇〇風に」「〇〇さんのような」という指示は商用では使わない**
   特定の作家名を含む指示が、依拠性を認められる最大の原因です。
2. **商用利用前に「類似チェック」をかける**
   画像なら Google 画像検索にドラッグ&ドロップ。文章なら一部を検索エンジンに入れる。30 秒の作業で大きなトラブルを防げます。
3. **AI 生成物は「下ごしらえ」として扱い、必ず人間が手を加える**
   ルール③と同じ原則です。人間が加筆・編集することで「創作的寄与」が認められやすくなり、あなた自身の著作物として保護される可能性も高まります。

AIの生成物は「拾い物の食材」で作った料理です。食中毒が出たら、責任を取るのは料理人であるあなたです。素材の安全を確認し、自分の手で調理する。この姿勢が、あなたの会社を守ります。

【実務チェックリスト】
エンターキーを押す前の「12 の緊急停止」チェック

ほとんどの事故は「よくわからないまま使った」という**無知**から起きます。以下は、あなたの会社と信用を守るための**最終防波堤**です。入力する前、あるいは社員に AI を使わせる前に、必ず確認してください。1 つでも「YES（懸念あり）」があれば、その場で入力を止めましょう。

【1】情報セキュリティ（漏洩した場合、致命傷になるか）

①個人を特定できる情報が含まれていないか？
（顧客の実名、電話番号、住所、メールアドレス、顔写真など）
→ 対策：「A 氏」「都内の会員」など、**必ず匿名化（マスキング）**する

②個人情報が含まれていないか？
（病歴、信条、前科、宗教、人種など）
→ 対策：匿名化してもリスクが高すぎるため**入力禁止**

③自社のコアとなる機密情報ではないか？
（未発表の新製品スペック、口座情報、評価の生データなど）
→ 対策：インターネットに接続しない環境、もしくは**AIを使わずアナログ管理**する

④使用しているツールは「学習されない設定」か？
（無料版AIなど、入力内容が学習に使われる環境ではないか）
→ 対策：業務利用では、**学習オフが明示された有料プランやWorkspace環境**を使う

【2】法的・契約リスク（訴訟や契約違反に繋がらないか）

⑤秘密保持契約（NDA）に違反しないか？
（取引先から預かった未公開データ、内部資料など）
→ 対策：契約書を確認し、**第三者提供に該当する場合は入力しない**

⑥著作権を侵害する入力ではないか？
（有料記事の全文、書籍の丸写し、他人のイラストなど）
→ 対策：全文入力は避け「○○さんの画風で」といった指示も使わない

⑦肖像権の問題はないか？
（芸能人、許可を取っていない一般人の顔写真など）
→ 対策：**許可のない人物画像は使用しない**

【3】倫理・品質リスク（炎上・信用失墜に繋がらないか）

⑧差別・偏見・不適切表現を含む可能性はないか？
（公序良俗に反する内容、バイアスの強い指示など）
→ 対策：**AI が出力しても責任は企業側にある**ため入力段階で弾く

⑨ファクトチェックを行う時間は確保しているか？
（数字・制度・人物情報など）
→ 対策：「そのままコピペして公開」は禁止し、**必ず人間が裏取り**する

⑩最終責任を取る覚悟があるか？
（「AI がやった」と言い訳しないか）
→ 対策：**最終責任はすべて会社（自分）にある**と腹を括れる場合のみ実行する

【4】技術リスク（自作アプリが「穴」にならないか）

⑪バイブコーディングやノーコードで作ったアプリを、セキュリティチェックなしで外部に公開・販売していないか？（個人情報を入力させるフォーム、決済機能、顧客向けツールなど）

→ 対策：**公開前に必ず専門家のレビュー**を受ける。個人情報を扱う機能は既製サービスを利用する

【5】著作権リスク（AI 生成物が「盗作」にならないか）

⑫AI 生成の画像・文章・コードを商用利用する前に、類似作品の確認をしているか？（「○○風に」という指示、既存作品との酷似、出典不明の引用など）

→ 対策：**Google 画像検索や検索エンジンで類似チェック**を行い、「○○風に」という指示は商用では使わない

この 12 項目は、AI 活用を止めるためのものではなく、安心して攻めるための**「ブレーキ」**です。安全なツールを選び、匿名化を徹底し、自作アプリの安全を確認し、生成物の権利を確認し、最後は人間が責任を持つ。守りの項目が増えたのは、AI の「攻めどころ」が増えた裏返しです。この守りがあってこそ、AI は初めて「経営の武器」になります。

第4節 会社を変えるスモールスタート戦略

いきなり「業務改革」なんてするな

この本を読んで「よし、明日から全部の仕事を AI に置き換えるぞ！」と気持ちが高まっている方もいるかもしれません。その熱意は素晴らしいのですが、少しだけクールダウンしてください。

AI 導入で一番失敗しやすいのは「いきなり大きく変えようとすること」です。社長がいきなり「明日から全員 Gemini を使え！業務フローも全部変えるぞ！」と号令をかけても、現場は混乱するだけです。むしろ「また社長が何か始めた」「仕事が増えるだけだ」と、無意識の拒否反応が起きます。その結果、数週間後には元のやり方に戻ってしまう。私は、こうした光景を何度も見てきました。

そのため、私が強くおすすめしたいのは「1日1個、小さな作業だけを AI に変える」という地味な「スモールスタート戦略」です。業務改革は、勢いでやるものではありません。小さな成功体験を積み重ねながら「これは確かに楽だ」「これは助かる」と現場が実感するような流れを作ることが、結果的に一番の近道になります。

「1通のメール」と「議事録」から始めよう

では、明日出社したら何から手をつければいいのか。難しいことを考える必要はありません。まずは、効果を実感しやすいこの2つだけで十分です。

1．「お詫びメール」や「日程調整」

朝一番に送る、気が重いメールの返信を、Gemini に書かせてみてください。

いつもなら「お世話になっております。○○件についてですが……」とキーボードを叩いて悩む時間を、AI に丸投げしましょう。

「A 社に、見積もりの提出が来週に遅れるって、丁重にお詫びするメールを書いて。理由は社内確認に時間がかかっているから」とマイクに向かって喋りかけるだけです。

出てきた文章をコピペして、少しだけ整えて送る。たったこれだけのことですが、実際にやってみると「うわ、こんなに楽なんだ」「精神的なストレスがない！」という小さな成功体験が得られます。

2．会議の「議事録」

もう1つは、面倒な「議事録作成」です。

会議の録音データを、そのままNotebookLMやGeminiに放り込んで「決定事項とTODOをまとめて」と指示してください。人間がやれば1時間かかる作業が、ものの数分で終わります。

まずは、あなた自身がその速さと楽さを体感してください。そして「これ、AIでやったら一瞬で終わったよ」と、チームに見せてあげる。それだけで「AI＝よくわからない面倒なもの」から「AI＝自分たちを楽にしてくれるもの」へと現場の空気は少しずつ変わります。

改革は、説得から始める必要はありません。まずは、楽をしている姿を見せることが、一番強い導入メッセージになります。

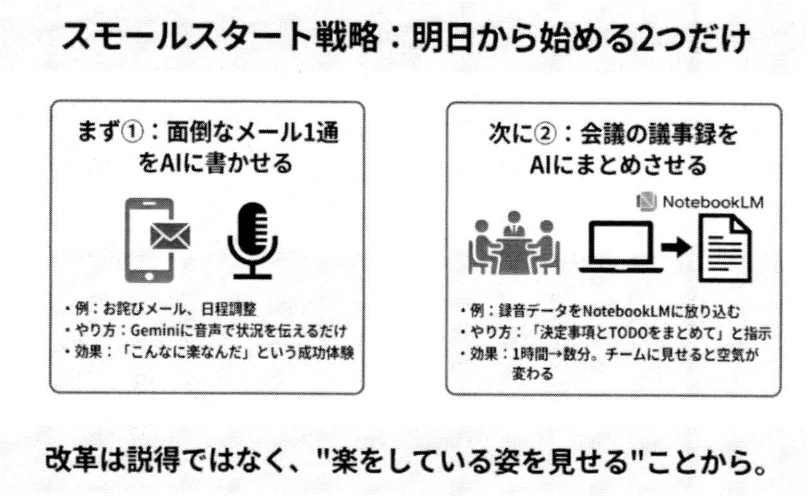

「自分でやったほうが速い」の壁を越える

スモールスタートを始めると、ほぼ確実にぶつかる壁があります。それが「AI に指示するより、自分でやったほうが速い」という感覚です。

最初のうちは、慣れていないので当然です。ただ、ここで諦めないでください。それは、自転車に初めて乗った子供が「転ぶから歩いたほうが速い！」と言っているのと同じです。一度乗りこなせるようになれば、歩くよりもはるかに遠くへ、速く行けるようになります。

ここで大切なのが「投資対効果」の視点です。

「今日はプロンプトを考えるのに 10 分かかってしまった。でも、この型を Gems に保存しておけば、明日からは毎日 10 分短縮できる。1 か月で 5 時間の削減だ」と考えてください。

ポイントは「今日どれくらい速いか」ではなく、**同じ作業を何度も考え直さなくて済む状態を作れているかどうか**です。

今日の「手間」ではなく、未来の「利益」を見てください。最初は地道な練習が必要です。ただ、その練習期間を「投資」として受け入れられた組織だけが、結果的に、上位 2 割の生産性を手に入れます。

「今はやらない・待つ」という賢い選択

もう１つ、ぜひ覚えておいてほしい考え方があります。それは**「今は無理にAIを使わず、あえて待つ」**という選択肢です。

AIの世界は、本当に変化が速いです。今日うまくいかなかったことが、来月にはあっさり解決している、ということが普通に起こります。たとえば「ここまで複雑なデザイン修正は、さすがに厳しいな」「この表現は、どう頑張ってもズレるな」というときも、無理にAIで何時間も格闘する必要はありません。

「これは今のAIにはまだ荷が重い。人間がやったほうが速い」

そう判断できたら、一度AIから離れて、自分で手を動かす、あるいは、その道のプロに任せる。そのうえで、少し時間を置いてから、改めてAIを試してみる。

実際、2025年中旬頃まで「文字入りのチラシは無理」「漫画も難しい」と言われていた画像生成AIが、気づけば当たり前のように使えるようになりました。こちらが何か特別な努力をしなくても、AIのほうが勝手に進化してくれたのです。

「今できないことは、無理にやらない」
「できるようになるまで、待つ」

この余裕を持てるようになると、AIとの付き合い方は一気に楽になります。無駄な試行錯誤に時間を奪われることなく、進化したタイミングだけを上手に拾えるようになるからです。

　すべてを今すぐAIでやろうとしない。それもまた、AI時代の立派な戦略の1つです。

【第 5 章のまとめ】
最新を追うのをやめ、「定番」を使い倒す

この章では、AI を単体のツールとして使うのではなく、**役割を持った「チーム」として運用する方法**をお伝えしてきました。リサーチ、思考、制作を分け、AI 同士を連携させることで、経営者は「作業」から解放され、判断と責任に集中できるようになります。

同時に、リスク管理の重要性も確認しました。安全なツールを選び、固有名詞を伏せ、AI の出力を必ず人間がチェックする。この守りがあるからこそ、AI という強力な武器を安心して使えます。

そして、導入の基本はスモールスタートです。いきなり変えない。まずはお詫びメールや議事録など「楽だ」と実感できる作業から始める。その小さな成功体験が、AI を組織に根づかせていきます。

ここまでで、あなたの仕事から「作業」は確実に減り始めました。では、その先に残る、**経営者であるあなたの本当の仕事**とは何なのでしょうか。次章では、AI 時代において人間にしか担えない価値について掘り下げていきます。

第6章

機能で競うな「人間力」で勝て

第１節　人間に残された「5つの聖域」

100点を取る優等生は、もういらない

これからの時代、私たちの社会で何が起きるのか。一言で言えば、それは**「正解が誰でも手に入る時代になる」**という変化です。

これまで私たちは、学校でも会社でも、ずっと「正解を出すこと」を求められてきました。

- テストで良い点を取る
- 上司の質問に即答する
- ミスなく正確な資料を作る

こうした「情報処理能力」が高い人が「優秀な人材」として評価され、高い給料をもらってきました。

しかし、残念ながら、この領域ではもう人間は100%AIに勝てません。「答え」を出すスピード、正確さ、そして網羅性において、AIは人類をはるかに凌駕してしまったからです。私たちが何時間もかけて調べていたことを、AIは一瞬で回答します。「処理能力」や「正解を出すスピード」で勝負していた人たちは、これからどんどん価値を失っていきます。

では、私たち人間に残された価値とは何でしょうか。AIがどれだけ進化しても、置き換えられない役割はあるのでしょうか。

多くの経営者と話し、実際にAIを使い続ける中で、私は1つの結論にたどり着きました。それが、これからお話しする「5つの能力」です。

この5つを意識して磨いていけば、AIに仕事を奪われる側にはなりません。むしろ、AIを味方につけた状態で、自分の価値を大きく広げていくことができます。

上位2割で生存するための5つの聖域とは？

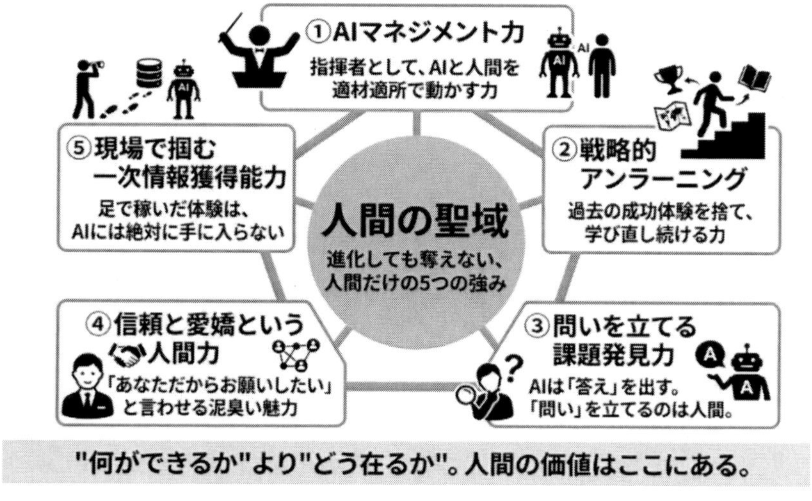

聖域①：AI マネジメント力

１つ目は、この本を通じて繰り返しお伝えしてきた**「AI マネジメント力」**、別の言い方をすれば**ディレクション力**です。

これまで評価されてきたリーダー像は、

「自分が一番仕事ができる人」
「誰よりも手を動かし、背中で引っ張る人」

いわゆるプレイングマネージャーでした。

問われるのは「自分が何をするか」ではなく、**AI という部下を、どう動かし、どう成果につなげるか**。この指揮者としての視点こそが、価値になります。

オーケストラの指揮者は、自分で楽器を演奏しません。それでも「ここはもっと強く」「ここは一歩引いて」と指示を出すことで、演奏者１人ひとりの力を引き出し、全体として完成度の高い音楽を作り上げます。

AI との関係も、まったく同じです。

- 「自分でやったほうが速い」というプライドを捨てられるか
- 「自分にはできないこと」を素直に認め、AI や他人に任せられるか
- 上がってきた成果物に対して「これじゃダメだ、もっとこうしてくれ」と、高い基準でフィードバックし続けられるか

これらは、作業スキルではなく、**人としての在り方**の問題です。これからのリーダーに必要なのは「何を作りたいか」というビジョンを示し、AIと人間を適材適所で配置し、全体を前に進める監督としての判断力です。

聖域②：戦略的アンラーニング

2つ目は「戦略的学習能力」です。実は、世界経済フォーラム（WEF）の「将来の仕事レポート」において、2025年以降に最も求められるスキルの第1位に挙げられている、極めて重要な能力です。

「学習」と聞くと「新しい知識をどんどん詰め込むこと」だと思われるかもしれません。しかし、私がここで強調したいのは、単なる知識の量ではありません。

AI時代における学習で最も重要なのは「**過去の成功体験を捨てる勇気（アンラーニング）」**です。

誤解してほしくないのですが「古いものを捨てるから、もう学ばなくていい」という話ではありません。むしろ真逆です。AIは毎日、猛烈なスピードで学習し、進化を続けています。その隣で人間が「昔はこれでうまくいった」という記憶に寄りかかっていたら、差は一気に開いていきます。

「昔はこのやり方で成果が出た」
「自分の業界では、これが常識だった」

そうした経験則は、環境が変われば、あっさり通用しなくなります。AIや新しい技術の前では、昨日までの正解が、今日には足かせになることも珍しくありません。

だからこそ必要なのは「今もそれは有効か？」と問い直し続ける姿勢です。自分の知識ややり方を一度疑い、必要なものだけを選び取り、役目を終えたものは手放す。この取捨選択と更新を止めないことが、これからの時代を生き抜くための基本動作になります。

過去の成功体験は、武器にもなりますが、同時に足を引っ張る重りにもなります。

- その重りを下ろせるかどうか
- 「自分にはまだ学ぶ余地がある」と思い続けられるかどうか

この謙虚さこそが、変化の激しいAI時代において、人間が自分の立ち位置を失わずに生き残るための、最も頼れる武器になります。

聖域③：問いを立てる課題発見力

3つ目は「課題発見力」、言い換えれば「問いを立てる力」です。

これまでお伝えしてきた通り、AIは「答え」を出すことに関しては、すでに人間をはるかに上回っています。

- 「売上を上げる方法は？」
- 「このデータを分析して」

そう指示すれば、一瞬で、それなりに整った答えを返してくれます。

しかし、AIには決定的にできないことがあります。

それは「そもそも何が問題なのか？」という**「問いそのもの」を生み出すこと**です。

- 「なぜ、この商品は売れないんだろう？」
- 「お客さんは口では満足していると言っているけど、本当は何に困っているんだろう？」
- 「この業界の常識、なんかおかしいんじゃないか？」

こうした問いは、データの中から自動的に出てくるものではありません。現場で感じる違和感、言葉にされない不満、説明しきれないモヤっとした感覚。それらを拾い上げられるのは、感情と身体を持つ人間だけです。

AIは、非常に優秀なエンジンです。速く、正確に、止まることなく走り続けることができます。ただし、どこへ向かうのか、なぜ走るのかを決めることはできません。

目的地を決めるのは、いつだって人間です。AIに答えを出させる前に「何を問いとして立てるのか」を決める。この最初の一手が、その後に生まれる成果の質をすべて左右します。

AI時代に価値を持つのは「正解を知っている人」ではありません。「まだ誰も言語化していない問い」に気づける人です。良質な問いを持つこと。それこそが、これからの仕事のスタートラインになります。

聖域④：信頼と愛嬌という人間力

4つ目は、極めてアナログな言葉ですが「人間力」です。

結局のところ、ビジネスは「人」対「人」です。仕事を持ってくるのも人なら、財布の紐を緩めるのも人。この大原則は、AIがどんなに進化しても変わりません。

機能や価格がまったく同じ商品があったとき、人は何で選ぶでしょうか？

「『嫌な人』からではなく、『好きな人』から買いたい」

これが人情というものです。

- 「この人のためなら一肌脱ごう」
- 「この人となら一緒に仕事がしたい」
- 「あなただからお願いしたい」

そう言わせる力、つまり「信頼」や「愛嬌」「誠実さ」といった本質的な魅力こそが、デジタル全盛の時代における最大の差別化要因になります。

また、ここには「責任」の話も含まれます。AI は倫理観を持ちません。悪気なく差別的なデータを元に判断してしまうこともあります。そんなとき「AI がやったので」と言い訳する人に、誰も仕事は頼みません。

「人として正しいか？」

最後の最後で踏みとどまり、責任を引き受ける覚悟や「人としての在り方」に、人はついていくのです。

聖域⑤：現場で掴む一次情報獲得能力

そして5つ目。私が最も重要だと考えているのが「一次情報獲得能力」、つまり「現場力」です。

ネットにある情報は、AI が数秒で集めてきます。事実、数字、評判、まとめ記事。この領域では、人間はもう AI にかないません。

しかし、AIにはどうしても手に入らないものがあります。それが「その場に行かなければわからない空気感」や「肌で感じる熱量」です。たとえば、美味しいラーメン屋の情報を調べること自体は、AIにもできます。口コミも、評価も、写真も揃っています。

でも、実際に店に足を運び、湯気の匂いを感じ、店主の言葉を聞き、熱々のスープをすすって「これは美味い！」と体が反応する。この体験は、肉体を持った人間にしかできません。

その実体験から生まれた言葉には、AIがネット情報を組み合わせて作った文章にはない「重み」と「説得力」が宿ります。同じことを語っていても、どこか伝わり方が違う。人は、無意識のうちにその差を感じ取っています。

PCの前で検索だけを繰り返している人は、いずれAIに代替されます。一方で、外に出て、汗をかき、人と会い、五感で情報を掴みに行く人は、AIがどれだけ進化しても置き換えられません。

現場で得た一次情報。その泥臭さこそが、AI時代における最大の武器になります。自分の足で見て、聞いて、感じたものを語れる人だけが、これからも「オリジナルな価値」を生み出し続けられるのだと感じています。

第２節　生存戦略の鍵は「脱コスパ、脱タイパ」

AIができない「無駄」を引き受けろ

私はこれまで、第１章から第５章にかけて「AIを使って効率化しよう」「時短しよう」「生産性を上げよう」と、繰り返しお伝えしてきました。しかし、ここであえて話をひっくり返すような、逆説的な提案をさせてください。

AIで浮いた時間を使って、あえて「非効率」なことをしませんか。

これが、私の考える最強の生存戦略である**「脱・コストパフォーマンス」「脱・タイムパフォーマンス」**です。

「効率化するためにお金を払ってAIを導入したんじゃないの？」
「無駄を省くのがビジネスの基本でしょ？」

そう思うのも無理はありません。むしろ、真面目に経営を考えてきた人ほど、そう感じるはずです。

ただ、ここで一度、冷静に考えてみてください。「効率」や「スピード」という土俵で、生身の人間がAIに勝てる可能性はあるでしょうか。

答えは、残念ながらありません。AIは24時間365日、疲れも文句もなく、秒速で仕事をこなします。そんな相手に対して「自分のほうが速い」「自分のほうがコスパがいい」と張り合うこと自体が、すでに勝負になっていないのです。「合理性」「効率性」「スピード」。これらの領域での勝負は、もう終わりました。

だからこそ、私たちが取るべき戦略は1つです。**AIが絶対に勝てない土俵へ、意識的に移動すること**。それが「非効率」「手間」「感情」など、一見すると無駄に見える行為が価値を持つ世界です。

手書きの手紙が100通のメールを凌駕する

たとえば、お客様にお礼の連絡をする場面です。

AIを使えば「失礼のない、完璧なビジネスメール」を一瞬で作り、100人に同時送信できます。効率もいいですし、タイパもコスパも申し分ありません。

ただ、それを受け取った相手の心は動くでしょうか。多くの場合「丁寧だけど、よくある文章だな」と感じて、読み終えた瞬間に忘れられてしまいます。悪い印象は残らなくても、記憶にも残らないのです。

一方で、あなたが文房具屋に立ち寄り、便箋を選び、字が上手でなくても構わないから、自分の言葉で書いた「手書きの手紙」が届いたらどうでしょうか。

「今どき、手書きなんて非効率だ」
「メールで十分じゃないか」

そんなふうに受け取る人は、ほとんどいません。

むしろ相手は、こう感じるはずです。

「この忙しい時代に、わざわざ私のためにペンを取り、時間を使ってくれたんだ」

その文章の巧さよりも、そこにかけられた時間と手間そのものが、相手の心を動かします。

以前、私のセミナーに参加されたある経営者の方が、こんな話をしてくれました。

「年賀状をやめる人が増えているからこそ、あえて手間をかけた年賀状を出そうと思っています」

これは、とても本質を突いた考え方だと思います。AI が普及し、誰もが簡単に綺麗な文章や画像を作れるようになった今、逆に「手間をかけること」そのものの価値が確実に上がっています。

面倒だからこそ意味がある。非効率だからこそ伝わるものがある。その不合理さの中に、人の気持ちが宿り、AI には決して真似できない「信頼」が生まれます。

パソコンの前から今すぐ離れよう

「脱・タイパ」のもう1つの意味は、**現場に出ること**です。

今は、Webで検索すれば、世界中の情報が一瞬で手に入ります。アメリカの最新AI事情も、北海道の繁盛店の事例も、AIに聞けば何でも教えてくれる時代です。

ただし、それらはあくまで「情報の集合体」にすぎません。実際にその場に足を運び、店に入った瞬間の空気を感じ、店主の言葉を聞きながら料理を味わい、そこで働く人たちの表情や活気を目にする。こうした体験は、検索結果からは決して得られません。AIは「情報」は知っていますが「体験」は知りません。

そして、これからのビジネスで人の心を動かすのは、Webに落ちている整った情報ではなく、**自分が実際に見て、聞いて、感じた「一次情報」**です。

Zoomを使えば、移動時間ゼロで会議ができます。それは確かに便利です。しかし、あえて片道2時間かけて会いに行き、同じ空間で言葉を交わすことでしか生まれない空気や信頼があります。

以前、あるお客様がこんなことを話してくれました。

「最近、オンラインサロンよりも、リアルで集まるコミュニティのほうが盛り上がっている気がするんです」

デジタルでつながることが当たり前になったからこそ、身体を伴う、アナログなつながりに価値を感じるようになっているのだと、多くの人が薄々気づき始めています。

パソコンの前を離れることは、非効率に見えるかもしれませんが、その遠回りの中にこそ、AIには決して代替できない価値が眠っています。

AIに左脳を任せ、あなたは右脳で生きろ

私が提案したいAI活用のゴールは、単に仕事を減らして楽をすることではありません。

AIという優秀な部下に、事務作業、リサーチ、データ整理、下書きづくりといった**論理的で、再現性の高い仕事**を任せてしまうこと。これが、まず1つ目です。

そして、その結果として生まれた余白の時間を使って、人間にしかできない仕事に、しっかり向き合うこと。考え、感じ、迷い、語り、体験する。効率は悪いけれど、なぜか心が動く。そうした仕事に、時間とエネルギーを注ぐことです。

AIに任せるべきなのは「処理」と「作業」といった、型通りに進められる部分になります。一方で、人間が担当するべきなのは「意味づけ」と「感情」のような、人らしさが問われる分野です。

- AIが効率を引き受け、人間が非効率を引き受ける
- AIが論理を支え、人間が感覚を使う
- AIが作業を回し、人間が体験を重ねる

このように役割分担ができれば、人はAIに置き換えられる存在ではなくなります。むしろ、AIを土台にして、人間としての価値を深めていけるようになります。

だから、パソコンやスマホの画面だけを見続ける必要はありません。AIに仕事を振ったら、あとは任せて、外に出てください。

- 人と会い、話し、場の空気を感じ、心が動く体験をする
- 効率化の先にある「人間らしい時間」を取り戻すために、私たちはAIを使う
- 遠回りに見えることを、あえて選ぶ
- 非効率なことに、意味を見出せる

そんな姿勢こそが、AI時代を生き抜くための、最も大切な軸になると私は感じています。

第３節　AIを使う本当の目的は「人間への回帰」

最後は「誰と働きたいか」に行き着く

AIがさらに進化し、あらゆる業務が自動化された未来を想像してみてください。誰もが、プロ並みの文章を書き、プロ並みのデザインを作り、完璧に近いプログラムを組める世界です。「スキル」や「機能」での差は、ほとんど意味を持たなくなります。

そんな世界で、私たちは何を基準に仕事を選び、誰にお金を払うようになるのでしょうか。機能が同じなら、価格が安い方でしょうか。処理が速い方でしょうか。

おそらく、違います。

最後に残る判断基準は、とてもシンプルで**「人」**です。

- 「この人の考え方が好きだから」
- 「この人と話していると、前向きな気持ちになれるから」
- 「この人は、自分のことを本気で考えてくれていると感じるから」

AIが普及すればするほど、私たちは「何ができるか」ではなく「どんな人か」で相手を選ぶようになります。

「あなたでなければ意味がない」と言われる理由は、AIをどれだけ使いこなしているか、という技術の話ではありません。あなたがこれまでどう考え、どう振る舞い、どう人と向き合ってきたか。その積み重ねによって生まれた「人間としての厚み」や「想いの強さ」にあります。

私の周りでも最近、こんな声をよく聞きます。

「オンラインで何でもできるようになった反動なのか、人づての紹介や、直接会って決まる仕事が増えている気がする」

これは、偶然ではありません。デジタルが極まれば極まるほど、人は無意識のうちに「体温のあるつながり」を求めるようになります。効率の先にあるものとして、信頼や共感に、改めて価値を見出し始めているのです。

AIは、あなたの心を映す「鏡」である

私はこれまで「AIは単なるツールではなく、パートナーだ」とお伝えしてきました。ただ、もっとしっくりくる言い方をするなら、AIは**「鏡」**に近い存在だと思っています。

もしあなたが「できるだけ楽をしたい」「面倒なことは避けたい」という、そんな気持ちでAIに向き合えば、AIはそれに忠実に応えます。それなりの文章、それなりの仕事を量産し、結果として

あなた自身の成長も止まっていくでしょう。

一方で「誰かを本気で喜ばせたい」「この仕事で、世の中を少しでも良くしたい」という、そんな想いを持ってAIに向き合えば、話はまったく変わります。AIはその想いを増幅し、1人では到底たどり着けないスピードと規模で、形にする力を貸してくれます。

AIのアウトプットの質は「プロンプトで決まる」とよく言われます。でも、その指示を生み出しているのは、突き詰めれば**あなた自身の内側**です。

- 何を大切にしているのか
- どこを目指しているのか
- どんな姿勢で仕事に向き合っているのか

それらが、そっくりそのままAIの回答に映し出されます。面白いもので、心が荒れたまま使えば、荒れた結果が返ってきます。心が整い、誠実であればあるほど、AIもまた誠実に応えてくれるのです。だからこそ、AIスキルだけを磨き続けるのは、本質的ではありません。

それと同時に、いや、それ以上に、**自分自身の考え方や姿勢、人としての在り方を磨き続けること**が欠かせないのです。AIは嘘をつきません。ごまかしも効きません。あなたの人間性を、そのまま映し出す、正直で、ときに残酷な鏡なのです。

余った時間で、愛おしい「無駄」をしよう

この本を通して、私は「効率化」や「時短」の方法をたくさんお伝えしてきました。

では、それは一体、何のためだったのでしょうか。ただ空いた時間に、さらに仕事を詰め込み、売上を伸ばすためでしょうか。もちろん、ビジネスである以上、利益は大切です。ですが、それだけがゴールだとしたら、少し寂しすぎる気がします。

私たちがAIを使って時間を生み出す本当の目的。それは**「人間らしい時間を取り戻すこと」**だと、私は考えています。

面倒な事務作業やリサーチ、下書き作成といった論理と効率が求められる「左脳的な仕事」は、AIという優秀な部下に任せてしまってください。

そして、そこから生まれた余白の時間で、私たちは何をするのか。

- 家族と食卓を囲み、今日あった出来事を語り合う
- 大切な仲間と酒を酌み交わし、未来の話で夜更かしをする
- お客様の目を見て、膝を突き合わせ、本音で向き合う
- 美しい景色を見に行き、言葉にならない感動に身を委ねる

どれも非効率で、生産性とは無縁かもしれません。でも、そうした時間こそが、人生に温度を与え、私たちを人間らしくしてく

れます。AIに「稼ぐ仕事」を任せ、人間は「生きる喜び」に向かう。この役割分担ができたとき、AIは脅威ではなく、人生を豊かにする最高の相棒になります。

効率の先にあるのは、さらなる忙しさではありません。その先にあるべきなのは「愛おしい無駄を、大切にできる自分」なのです。

もう、あの日の「問い」は怖くない

ここで、この本の冒頭であなたに投げかけた3つの問いを思い出してみてください。正直に言うと、少し怖かったのではないでしょうか。「自分の仕事や将来を、否応なく直視させられた」というような感覚があったかもしれません。

しかし、ここまで読み進めてきた今なら、もうわかるはずです。あの問いは**「立ち位置を変えれば、きちんと答えは出る」**ということに気づいていただくための問いでした。

もし「AIならもっと安くできますよ」と言われたら、今のあなたは、こう答えられるはずです。

「作業や機能だけを切り出すなら、確かにAIのほうが安いでしょう。でも、私が提供しているのは、そこではありません」

あなたが売っているのは、画面の向こう側の成果物だけではないはずです。悩みを聞き、背景を汲み取り、責任を持って判断する。**人として向き合う時間と信頼**まで含めて、あなたの仕事です。価格競争の土俵から降りる準備は整いました。

もし「AIを使えない人には外注しません」と言われても、もう怯える必要はありません。

「大丈夫です。うちにはAIチームがいます」と、落ち着いて答えてください。あなたは、ツールを必死に覚える側ではなく、**AIをどう使うかを決め、指示を出す側**に立っています。使う・使えない、ではありません。考え、判断し、責任を持つ人間がいるかどうか。そこが問われるフェーズに、もう入っているのです。

そして「1週間、仕事から完全に離れられますか？」と問われたなら、これからは、イエスです。第4章・第5章で設計した「AIに任せる領域」と「人間が確認する要所」の仕組みが回っていれば、あなたが1週間離れても、日常業務の大半は止まりません。

「全部をAIに丸投げする」という話ではなく、あなたの代わりに考え続ける分身としてAIを配置し、要所は人間の目で確認する。いわゆる「**Human in the Loop**」の状態です。だからこそ、あなたが休んでいる間も、仕事の質は担保され、判断はブレず、組織は静かに回り続けます。属人化しない。人に依存しすぎない。それを可能にするのが、AI×人の組み合わせです。

AIは、あなたの仕事を奪う敵ではありません。あなたが本来やるべき仕事と、手放していい仕事を、はっきり分けてくれる存在でした。そして結果的に、あなたの人間としての価値を浮き彫りにし、人生の時間を取り戻してくれる、とても現実的で、頼れる相棒です。

変化を恐れず、新しい時代を楽しもう！

最後に、あなたにエールを送らせてください。これからの時代、変化のスピードはますます速くなります。今日覚えた AI ツールが、明日には古くなっているかもしれません。不安になる日もあるでしょう。「もうついていけない」と、投げ出したくなる日が来るかもしれません。

でも、大丈夫です。

この本でお伝えしてきた「AI を部下として扱うマインド」「人間力を磨くという指針」という 2 つさえ手放さなければ、どんな変化が来ても、あなたは決してブレません。

むしろ、AI が進化すればするほど、

「おっ、うちの部下（AI）がまた賢くなったぞ」
「これで、また面白いことができるな」

そう思いながら、変化そのものをワクワクしながら楽しめるようになるはずです。

AIに使われる未来か、AIを使いこなす未来か。

その分岐点は、どのツールを知っているかではありません。

「自分はどう生きたいのか」
「何を大切にしたいのか」

それは、あなた自身の**意志**の中にあります。

どうか、情報の波に飲み込まれず、あなたらしいやり方で、このAI時代を軽やかに、そして力強く生き抜いてください。AIを正しく相棒にできれば、あなたの可能性は大きく広がっていきます。

この本が、そのための小さな「灯火」となり、あなたの背中をそっと押すことができたなら、著者として、これ以上の喜びはありません。パソコンやスマホの画面から目を離して、AIに仕事を任せたら、外の世界へ飛び出しましょう。あなたのビジネスと人生が、AIと共に、より人間らしく、より豊かになることを、心から願っています。

【第 6 章のまとめ】
機能で戦うのをやめ、「人間力」で勝負する

この章では、AI がどれだけ進化しても決して奪うことのできない、人間だけの「5 つの聖域」についてお伝えしてきました。

「速く、正確に、正解を出す」。これまで私たちが必死に磨いてきたこの能力で AI に勝とうとするのは、今日で終わりにしてください。合理性や効率という土俵で戦っても、人間に勝ち目はありません。

だからこそ、私たちが向かうべきは、AI がどうしても入れない「非効率」で「人間らしい」アナログの世界です。自分の足で現場に行き、一次情報を掴む。あえて面倒な手間をかける。良質な問いを立てて、最後は腹をくくって責任を取る。そして「あなただからお願いしたい」と言われる人間力を磨き続ける。これこそが、AI 時代における最強の生存戦略になります。

AI に「作業」を任せ、私たちは「人間らしい時間」を取り戻す。これが、AI を使う本当の目的です。

では、なぜ私が、この本で、これほどまでに「人間としての在り方」や「本質」にこだわって伝えてきたのか。最後に、私がこの本を書いた本当の理由と、あなたにどうしても伝えておきたかったことをお話しして、締めくくりたいと思います。

おわりに　何を使うかより「どう在るか」

最後までお読みいただき、本当にありがとうございました。この本を手に取ってくださったあなたは、きっとどこかで「AI を使わなきゃいけない気がする。でも、正直よくわからないし、ちょっと怖い」といった焦りや不安を感じていたのではないでしょうか。

全6章を通して、マインドセットから具体的な使い方、リスク管理、そして人間としての生存戦略まで、私が現場で身銭を切って学んできたことを、すべて出し切りました。読み終えた今、その不安は少しでも軽くなったでしょうか。

もし「なんだ、AI ってそんなに得体の知れないものじゃないな」「むしろ、頼れる部下になりそうだな」と感じてもらえたなら、著者としてこれ以上の喜びはありません。

私がこの本を書こうと決めた一番の理由は、世の中にあふれている**薄っぺらい AI 情報への強い違和感**でした。

SNS を開けば「AI で誰でも副収入 30 万円」「まだこの AI 使ってないの？」「このツールを知らないと損をする！」というような煽り文句があふれています。そうした甘い言葉や、不安を煽る情報に振り回されて、大切なお金や時間を失っていく経営者を、私は現場で何人も見てきました。

だからこそ、この本ではあえて厳しいことも書きました。

- 「AI は魔法じゃない」
- 「楽をするためだけに使うな」
- 「ツールよりも、使う側の人間力が問われる」

AI の解説書としては、ずいぶん泥臭く、アナログな話が多かったかもしれません。しかし、これこそが、私自身がお金と時間を投資し、数々の失敗を重ねながら辿り着いた、偽りのない真実です。

これからも、新しい AI ツールは次々と登場し、SNS やニュースでは「AI が人間の仕事を奪う」と騒ぎ立てられるでしょう。

しかし、もう焦る必要はありません。私がこの本を通して、あなたに一番伝えたかったことは、**AI の使いこなし方そのものではありません。「どうか、情報の波に踊らされないでほしい」**ということです。

確かに、昨日の正解がひっくり返るような変化が起きることもあります。ただ、新しく出てくる機能の多くは、あなたのビジネスの本質を揺るがすものではありません。

それなのに「遅れてはいけない」と焦って情報を追いかけ、新しいツールを覚えるために何十時間も費やし、効率化のために始めた AI で、逆に時間を溶かしてしまう。これでは、本末転倒です。

私がこの本で「ツールは3つに絞れ」とお伝えしたのは、あなたに情報の波に飲まれて、迷子になってほしくなかったからです。あれもこれもと手を出すより、信頼できる相棒（Gemini、NotebookLM、Genspark）と深く付き合うほうが、仕事はずっと速く、ずっと深くなります。

ツールの操作方法や最新テクニックは、探せばいくらでも手に入ります。でも「機能」や「操作」ばかりを追いかけていると、もっと大切な**本質**を見失ってしまいます。その結果、新しいツールが出るたびに振り回され、時間とお金を奪われ続けることになりかねません。

だからこそ、私はこの本を書きました。表面的なノウハウではなく、どんな時代になっても揺るがない**「AI との向き合い方（リテラシー）」**と**「人間としての在り方」**を、どうしても伝えたかったのです。

これから先、AI はもっと賢くなり、もっと便利になるでしょう。しかし、本書でお伝えした通り、AI はどこまでいっても「ツール」であり「部下」です。

- 「自分はどう生きたいのか」
- 「何を大切にして仕事をしたいのか」
- 「人として、どう在りたいのか」

人生のハンドルを握るのは、いつだってあなた自身です。AI の情報に惑わされそうになったら、立ち止まって、自分に問いかけてみてください。

「これは、自分の人生を本当に豊かにするものだろうか？」

この本が、あなたが情報の海に溺れず、あなたらしいやり方で、胸を張ってビジネスと人生を歩んでいくための**「お守り」**になれたなら幸いです。

大丈夫。あなたはもう、本質を知っています。煽り文句に振り回される必要はありません。パソコンやスマホの画面から目を離し、あなたの大切な人と向き合い、あなただけの人生を、堂々と歩んでください。

最後までお付き合いいただき、本当にありがとうございました。

2026年春 友部 貴幸

＊＊＊＊＊＊＊＊＊＊＊

〔書籍限定プレゼント〕

＊＊＊＊＊＊＊＊＊＊＊

本書を読んで終わりにしないための【5 大実践特典】をご用意しました。図解まとめ、すぐ使えるガイド、最新ツール情報など、すべて無料でお届けします！

① 各章の要点をビジュアルで読む『AI リテラシー実践講座』
② これだけで良い。ビジネスで使える最新 AI ツール厳選集
③ 現場で迷わないための AI 用語「超訳」辞典（50 語）
④ AI っぽさを消す実践ガイド×最終チェックリスト
⑤ 各章の内容を耳で聴ける『AI リテラシー実践講座』音声版

受け取り方法は簡単です。下記 URL にアクセスし、LINE で友だち追加のうえ「AI リテラシー」と送信してください。

https://lin.ee/QUjjL0D

参考文献・出典一覧

本書の執筆にあたり、以下の調査レポート、論文、公式資料、書籍、古典を参照しました。

【はじめに】

International Monetary Fund（2024） *Gen-AI: Artificial Intelligence and the Future of Work*. IMF.
※参照内容：世界の雇用の約 40%が AI の影響を受けるとする予測。

【第１章】

LinkedIn（2024） *Workplace Learning Report*. LinkedIn.
※参照内容：2030 年までに必要スキルの多くが変化するという予測、および AI リテラシー需要の高まり。

Upwork Research Institute（2024） *AI and the Future of Work*. Upwork.
※参照内容：経営層 96%と現場 77%の認識ギャップに関する調査。

METR（2024） *Measuring the Impact of Early-2025 AI on Experienced Open-Source Developer Productivity*. METR.
※参照内容：経験豊富な開発者が AI 使用時に、体感に反して作

業時間が19%遅くなったという研究。

Gartner（2024）　*Hype Cycle for Generative AI, 2024.* Gartner.
※参照内容：生成AIが「過度な期待」のピークを越え「幻滅期」に入ったという整理。

Solow, R. M.（1987）　“We’d better watch out.” *New York Times Book Review.*
※参照内容：生産性パラドックスの概念的背景。

長谷川英祐（2010）『働かないアリに意義がある』メディアファクトリー。
※参照内容：「2：6：2」の構造理解に関する視点。

Pareto, V.（1896）　*Cours d’économie politique.*
※参照内容：分布の偏りに関する理論的背景。

『荘子』外篇・天地第十二。
※参照内容：「機械有る者は必ず機事有り、機事有る者は必ず機心有り」の思想的参照。

Gartner（2026）　Forecast: AI Spending, Worldwide, 2024–2029. Gartner, January 15, 2026.
※参照内容：2026年の世界AI関連支出が約2.52兆ドル（前年比44%増）に達するとする予測。

NVIDIA Corporation（2023）　Financial Results for Fourth Quarter and Fiscal 2023. SEC Form 8-K, February 22, 2023.

※参照内容：FY2023（2023 年 1 月期）の年間売上高 269.7 億ドル。

NVIDIA Corporation（2026） Financial Results for Fourth Quarter and Fiscal 2026. SEC Form 8-K, February 25, 2026.
※参照内容：FY2026（2026 年 1 月期）の年間売上高 2,159 億ドル。3 会計年度で売上が約 8 倍に成長した事実。

Cursor（Anysphere）（2025） Past, Present, and Future. Cursor Blog, November 13, 2025.
※参照内容：年間経常収益（ARR）が 10 億ドルを突破したこと、評価額 293 億ドルでのシリーズ D 調達。

Capoot, A.（2025） "AI startup Cursor raises $2.3 billion funding round at $29.3 billion valuation." CNBC, November 13, 2025.
※参照内容：Cursor の成長速度、Fortune 500 企業の過半数が導入している点。

Bloomberg（2026） "Anthropic AI Tool Sparks Selloff From Software to Broader Market." Bloomberg, February 3, 2026.
※参照内容：Claude Cowork のリリースを契機に、ソフトウェア関連株から 1 日で約 2,850 億ドルの時価総額が消失した事実。

Yahoo Finance / Reuters（2026） "Selloff wipes out nearly $1 trillion from software and services stocks." Yahoo Finance, February 5, 2026.
※参照内容：S&P 500 ソフトウェア・サービス指数が 6 営業日で

約 8,300 億ドルの時価総額を失った事実。投資家がこの衝撃を「アンソロピック・ショック」と呼んだ背景。

CNN Business（2026） "Anthropic's new AI tool sends shudders through software stocks." CNN, February 4, 2026.
※参照内容：Thomson Reuters が 1 日で約 15.8〜18%下落し、過去最大の下落幅を記録した事実。その後の株価反発を含む市場の推移。

【第 3 章】

OpenAI（2023–） *Prompt Engineering Guide*. OpenAI.
Google Workspace（2023–） *Prompting Guide 101*. Google.
※参照内容：背景、役割、目的、出力形式を明確にする指示設計の基本。

【第 4 章】

Human-in-the-Loop に関する標準的な AI 運用の考え方。
※参照内容：AI の処理プロセスに人間が介在し、評価・修正を行うという実務上の基本原則。

厚生労働省関連資料
米国食品医薬品局（FDA）関連資料

※参照内容：医療分野において AI は診断支援であり、最終判断責任は人間が持つという基本的考え方。

IDC（2018） The Digitization of the World — From Edge to Core. IDC White Paper, November 2018.
※参照内容：2025 年までに世界のデータ総量が 175 ゼタバイトに達するとする予測。

Meister, M.（2003） The Bandwidth of Perceptual Experience. Computation and Neural Systems, California Institute of Technology.
※参照内容：人間が意識的に処理できる情報量が毎秒約 10 ビットであるとする推計。

Nie, F., Liu, K. Z., Wang, Z., Sun, R., Liu, W., Shi, W., Yao, H., Zhang, L., Ng, A. Y., Zou, J., Koyejo, S., Choi, Y., Liang, P., & Muennighoff, N.（2025） *UQ: Assessing Language Models on Unsolved Questions.* arXiv:2508.17580.

※参照内容：Stack Exchange の未解決問題 500 問で構成されたベンチマークにおいて、最先端モデルでも正答率が約 15%にとどまったという研究結果。

【第５章】

Google Cloud（2023–） *Data Privacy Commitments*. Google Cloud.
※参照内容：Gemini for Google Workspace などの企業向け環境では、入力データがモデル学習に使われないこと。

Samsung 電子の生成 AI 利用制限に関する各種報道（2023 年 4 月）。
※参照内容：業務情報入力による情報流出リスクが現実化した事例。

Veracode（2025）*2025 GenAI Code Security Report: Assessing the Security of Using LLMs for Coding*. Veracode.

※参照内容：100 種類以上の AI が生成したコードの 45%に OWASP Top 10 に該当するセキュリティ脆弱性が含まれていたという調査結果。

文化庁（2024）「AI と著作権に関する考え方について」文化庁著作権課。

※参照内容：AI 生成物の著作権侵害における「類似性」と「依拠性」の判断基準。利用者が既存著作物を認識していなくても、AI の学習データに含まれていた場合に依拠性が推定され得るとする考え方。

トレンドマイクロ（2025）「2026 年セキュリティ脅威予測」トレンドマイクロ株式会社。

※参照内容：バイブコーディングの普及に伴い、脆弱で悪用されやすいアプリケーションが増加するとの予測。攻撃者側もバイブコーディングを悪用し始めている事例。

【第６章】

World Economic Forum（2020, 2023） *The Future of Jobs Report.* WEF.
※参照内容：今後重要性を増すスキルとして、学習戦略や柔軟性が挙げられている点。

Hedberg, B.（1981） "How Organizations Learn and Unlearn." In *Handbook of Organizational Design.*
※参照内容：アンラーニングの理論的背景。

Kurzweil, R.（2005） *The Singularity Is Near: When Humans Transcend Biology.* Viking.
※参照内容：シンギュラリティ概念の代表的著作。

著者プロフィール

KISACHI.株式会社 代表 友部 貴幸

あらゆる人間関係の失敗経験と学生インターン時代に抱えた「もう一生営業をやりたくない……」というトラウマから「何とか脱却したい！」という一心で、8年間で1,000万円以上を投じ、3万時間を超える研究と実践を重ねる。

社員数2,000名以上の大企業で最年少の研修講師に就任。NLPと心理学を活用し、行動変容支援に携わる。独立後は、自主開催セミナー・研修を続け、受講者延べ1万人を超える。初出版「令和のリーダー7つの条件」はAmazonランキング28部門1位、ベストセラー作家となり売上が3倍に増加。さらに、地上波テレビ30分番組単独出演、ラジオパーソナリティ、映画出演など、想像を超える成果を得る。

現在は、KISACHI.株式会社を創業し、個人事業主や中小企業の経営者に対して、AIを活用した業績向上コンサルティングを展開。さらに「1社長＝1著書、名刺の代わりにその書籍を使って自己紹介する文化を創りたい」という理念のもと、想いを語るだけで書籍が完成する！ 日本AI出版社®を設立。監修した著書は、クラファン331%達成、予約段階からAmazonランキング7部門1位ベストセラー獲得、出版直後に売上2,000万円以上、メディア出演獲得などの成果を残す。

AIは「導入」するな、「採用」せよ
AIリテラシー実践講座

2026年5月20日 初版第1版発行

著　者　友部 貴幸

発行所　KISACHI.株式会社

住　所　東京都新宿区新宿2-11-7-5F

電　話　050-5473-0879

ISBN 978-4-911156-19-3

Made in United States
North Haven, CT
04 November 2026

21772470R00143